DAS LEIS
DO ESPÍRITO

DAS LEIS DO ESPÍRITO
FLORILÉGIO FILOSÓFICO
Vauvenargues

Tradução
MÁRIO LARANJEIRA

Martins Fontes
São Paulo 1998

Esta obra foi publicada originalmente em francês.

Títulos dos originais:
*1ª parte: Introduction à la connaissance de l'esprit humain;
2ª parte: Discours sur la gloire, Discours sur les plaisirs, Discours sur le caractère des différents siècles, Reflexions sur le caractère des différents siècles, Discours sur les moeurs du siècle, Discours sur l'inégalité des richesses, Discours sur la liberté, Traité sur le libre arbitre, Imitation de Pascal.*
Copyright © Livraria Martins Fontes Editora Ltda.,
São Paulo, 1998, para a presente edição.

1ª edição
outubro de 1998

Tradução
MÁRIO LARANJEIRA

Preparação do original
Andréa Stahel M. da Silva
Revisão gráfica
Solange Martins
Produção gráfica
Geraldo Alves
Paginação//Fotolitos
Studio 3 Desenvolvimento Editorial (6957-7653)

Dados Internacionais de Catalogação na Publicação (CIP)
(Câmara Brasileira do Livro, SP, Brasil)

Vauvenargues, Luc de Clapiers, marquês de, 1715-1747.
  Das leis do espírito : florilégio filosófico / Vauvenargues ; tradução Mário Laranjeira. – São Paulo : Martins Fontes, 1998. – (Clássicos)

  Título original: Des lois de l'esprit.
  ISBN 85-336-0969-8

  1. Ética 2. Filosofia 3. Vauvenargues, Luc de Clapiers, marquês de, 1715-1747 4. Vauvenargues, Luc de Clapiers, marquês de, 1715-1747 – Ética I. Título. II. Série.

98-4200   CDD-170

Índices para catálogo sistemático:
1. Ética : Filosofia   170
2. Filosofia moral   170

Todos os direitos para a língua portuguesa reservados à
Livraria Martins Fontes Editora Ltda.
Rua Conselheiro Ramalho, 330/340
01325-000 São Paulo SP Brasil
Tel. (011) 239-3677 Fax (011) 3105-6867
e-mail: info@martinsfontes.com
http://www.martinsfontes.com

Índice

Cronologia IX

I
INTRODUÇÃO AO CONHECIMENTO DO ESPÍRITO HUMANO

Prefácio da segunda edição 3
Livro I – Do espírito em geral 9
   Imaginação, reflexão, memória 10
   Fecundidade 11
   Vivacidade 12
   Penetração 12
   Da justeza, da clareza, do juízo 13
   Do bom senso 15
   Da profundeza 15
   Da delicadeza, da finura e da força 16
   Da extensão do espírito 17
   Das saliências 18
   Do gosto 20
   Da linguagem e da eloqüência 22
   Da invenção 24
   Do gênio e do espírito 25

Do caráter...	28
Da seriedade..	29
Do sangue-frio.....................................	30
Da presença de espírito	31
Da distração...	31
Do espírito de jogo..............................	32
Livro II – Das paixões...............................	33
Da alegria, do júbilo, da melancolia	35
Do amor-próprio e do amor de nós mesmos.	36
Da ambição	38
Do amor do mundo.............................	39
Sobre o amor da glória.......................	40
Do amor das ciências e das letras...................	41
Da avareza...	43
Da paixão do jogo...............................	43
Da paixão dos exercícios...................	44
Do amor paterno................................	44
Do amor filial e fraterno	45
Da amizade que se tem pelos animais	46
Da amizade..	46
Do amor	48
Da fisionomia	50
Da piedade..	50
Do ódio	51
Da estima, do respeito e do desprezo	51
Do amor dos objetos sensíveis	54
Das paixões em geral.........................	55
Livro III – Do bem e do mal moral.....................	57
Da grandeza de alma..........................	64
Da coragem	66
Do bom e do belo...............................	69

II
ENSAIOS DE MORAL E DE FILOSOFIA

Discursos sobre a glória	73
Primeiro discurso	73
Segundo discurso	78
Discurso sobre os prazeres	85
Discurso sobre o caráter dos diferentes séculos	89
Reflexões sobre o caráter dos diferentes séculos	101
Discurso sobre os costumes do século	111
Discurso sobre a desigualdade das riquezas	119
Discurso sobre a liberdade	135
Tratado sobre o livre-arbítrio	141
Respostas a algumas objeções	158
Respostas às conseqüências da necessidade	164
Sobre a justiça	167
Sobre a providência	168
Sobre a economia do universo	170
Imitação de Pascal	171
Sobre a religião cristã	171
Do estoicismo e do cristianismo	172
Ilusões do ímpio	173
Vaidade dos filósofos	174

Cronologia
Vauvenargues e seu tempo

1715, 5 de agosto. Nasce na França, em Aix-en-Provence, Luc de Clapiers, filho de Joseph de Clapiers, senhor de Vauvenargues e de Claps, e de Marguerite de Bermond. Luc é batizado em 6 de agosto na catedral Saint-Sauveur.

1720-1721. Joseph de Clapiers é primeiro cônsul de Aix durante a epidemia de peste. Ao passo que os membros do Parlamento abandonaram a cidade, ele permanece em seu posto. Como recompensa, o senhorio de Vauvenargues é elevado a marquesado (março de 1722).

1730. Sobre a infância, adolescência e educação de Vauvenargues, nada de certo. Segundo Suard, cujas informações não puderam ser confirmadas, "educado em um colégio, mostra pouco ardor pelo estudo, e adquire apenas um conhecimento muito superficial da língua latina". O mesmo Suard escreve ainda: "Privado do auxílio que poderia encontrar no estudo dos grandes escritores da Antiguidade, toda sua literatura se limitava ao conhecimento dos bons autores franceses." Teria, no entanto, "estudado história e direito público". Por falta de informações costuma-se relatar, segundo uma carta a Mirabeau datada de 22 de março de 1740, que, por volta dos quinze ou dezesseis anos, o futuro moralista estava "louco" por *Vidas*, de Plutarco. Na mesma época, leu "um Sêneca" e "cartas de Brutus a Cícero". "Tornei-me estóico com a maior boa-fé do mundo, mas completamente estóico [...] Durante dois anos fui assim [...] Atualmente rio das minhas antigas loucuras."

1735. Nomeado segundo-tenente no regimento do rei, infantaria, em 15 de março, e depois tenente em 22 de maio, Vauvenargues participa da campanha da Itália, na guerra de sucessão da Polônia.

1736. Vauvenargues volta à França por volta do fim do mês de maio. Começa então a vida de guarnição, interrompida, segundo o costume do Antigo Regime, por longas licenças.

1737. A primeira carta conhecida da correspondência trocada por Vauvenargues e Mirabeau é de julho de 1737; a última, de agosto de 1740. Victor de Riquetti, marquês de Mirabeau (1715-1789), é economista, autor de *Amigo dos homens* (1758) e pai de Gabriel-Honoré Riquetti, conde de Mirabeau, o tribuno. Em guarnição em Besançon, Vauvenargues acolhe, no regimento do rei, Luís-Alexandre, cavaleiro de Mirabeau, irmão do marquês, treze anos. Vauvenargues tenta desempenhar o papel de mentor desse jovem oficial. O manuscrito do *Discurso sobre a liberdade* continha este sobrescrito: "Feito em Besançon no mês de julho de 1737."

1738. De julho até meados de setembro, Vauvenargues está em Paris, indo depois para Aix, onde fica até março de 1739. Para Mirabeau, ele faz a crônica irônica da vida de Aix.

1739. Em 19 de março, Vauvenargues escreve a Saint-Vincens relatando que ele está em Paris há três dias: é a primeira carta conhecida de Vauvenargues a Jules-François de Fauris, senhor de Saint-Vincens (1718-1798), seu homem de confiança, que se encarrega com prazer de seus assuntos financeiros. Vauvenargues está em Arras de 23 de março a 1 de julho. Por Péronne e Compiègne, Vauvenargues chega a Reims, onde fica durante o mês de agosto. Está em Verdun do início de setembro a abril de 1740. Tem dores nos olhos, a ponto de contratar dois homens para ler para ele.

1740. Vauvenargues pensa em uma viagem à Inglaterra, "para ver esse povo feliz e para consultar sobre meus olhos e meus incômodos". Chega em Metz em abril, mas, doente, vai se tratar no castelo de Vauvenargues, onde se encontra por volta do fim de julho.

1741. Vauvenargues voltou a Metz em 20 de fevereiro. Joseph-Antoine, irmão de Vauvenargues, morre na Córsega. Vauvenargues, doente, vai às águas de Plombières. Com a guerra de sucessão da Áustria, o regimento do rei se junta ao exército da Boêmia, comandado pelo marechal de Belle-Isle. Praga é tomada em 26 de novembro.

1742. Vauvenargues chega a Praga em 2 de março. Diversas manobras afastam e reaproximam da cidade o regimento do rei. Hippolyte de Seytres aí morre em abril, esgotado pela campanha da Boêmia: este subtenente de dezoito anos atraíra o afeto de Vauvenargues, que escreve seu *Elogio* e dedica-lhe, acredita-se, os *Conselhos a um jovem*, os *Discursos sobre a glória* e *Sobre os prazeres*. Com o exército sitiado em Praga, os oficiais são mortos durante investidas. Vauvenargues é nomeado capitão em 23 de agosto. A situação piora e Belle-Isle consegue deixar Praga em uma noite de inverno. Em marcha forçada, na neve e no regelo, o exército, muito reduzido, chega a Egra. Presume-se que, na retirada, as pernas de Vauvenargues tenham congelado.

1743. Da Baviera, Vauvenargues volta à França no mês de março. Seu regimento guarnece em Nancy. Em abril, envia a seu pai e a Saint-Vincens o *Elogio fúnebre de Hippolyte de Seytres*. Troca correspondências com Voltaire: a uma carta de crítica literária (opinião sobre Corneille e Racine) datada de 4 de abril, Voltaire responde, em 15 de abril, com reflexões sobre o gosto e a remessa de suas obras.

Em 21 de agosto, em uma carta a Saint-Vincens, relatando as correções e versões sucessivas do *Elogio* e anunciando a remessa de uma *Prece a Deus*, uma *Meditação sobre a fé* e reflexões sobre Bossuet, Fénelon, Pascal e La Bruyère, Vauvenargues escreve: "Exijo uma crítica muito severa e sem nenhum abrandamento sobre o que estou lhe enviando." Em 12 de dezembro, novas cartas ao duque de Biron, ao rei e ao secretário de Estado para Assuntos Estrangeiros, Amelot. O assunto ainda é deixar o exército pela diplomacia.

1744. Em 14 de janeiro, ao constatar que não lhe responderam suas cartas de 8 de abril e de 12 de dezembro de 1743, Vauvenargues comunica ao duque de Biron sua decisão de pedir demissão. No mesmo dia escreve a Amelot relatando sua decepção e sua "desesperança". Em 6 de fevereiro deixa Arras por

Paris. Voltaire prometeu usar sua influência a favor de Vauvenargues. Apresentado a Amelot, ele poderia efetivamente contar com um posto, se sua família não tivesse exigido que retornasse à Provence. De Voltaire, em 5 de abril: "O grande, o patético, o sentimento: eis meus primeiros mestres. Você é o último." Aix, fim de maio: "Estou na Provence e não pretendo morrer aqui." Segundo Marmontel, "foi aí que a varíola fez piorar suas enfermidades".

1745. Um manuscrito que Vauvenargues confiou a Voltaire, provavelmente reflexões sobre alguns poetas, em particular Jean-Baptiste Rousseau, chegou ao conhecimento do responsável pelo *Mercure*, que iria publicá-lo. Intervenção de Vauvenargues: nenhum texto de sua autoria será publicado no *Mercure* antes de 1753. Gripe, febre: "todas as doenças me cercam" (27 de janeiro). Vauvenargues está em Paris por volta do meio de maio. Sua saúde continua ruim. Participa sem sucesso do concurso de eloqüência da Academia Francesa, com um *Discurso sobre a desigualdade das riquezas*. No outono, instala-se em um quarto modesto do hotel de Tours na rue du Paon, no *faubourg* Saint-Germain (no lugar do atual *boulevard* Saint-Germain, na altura da rue de l'Éperon). Seus amigos: Voltaire, Bauvin, Marmontel, e também d'Argental, Cideville, Le Clerc de Montmercy. Em 28 de setembro, autorização para publicação do manuscrito intitulado *Introdução ao conhecimento do espírito humano, seguido de reflexões e máximas sobre vários assuntos*. É somente em 22 de janeiro de 1746 que recebe a autorização para publicação do manuscrito intitulado *Paradoxos misturados a refle-*

xões e máximas: parece então justificada a "Introdução do editor" da edição original, revelando que fora preciso aumentar a obra com textos "que não foram destinados à publicação".

1746. A primeira edição da *Introdução ao conhecimento do espírito humano* é publicada por Briasson em fevereiro, sem o nome do autor. O *Journal des savants* de fevereiro, o *Mercure* de março, o *Journal de Trévoux*, de forma sucinta em maio, longamente em janeiro de 1747, criticam a obra; também o faz *L'observateur littéraire* de Marmontel e Bauvin.

1747. Em janeiro, Vauvenargues se queixa de uma "dor no pé", que o impede de se sentar à mesa para escrever. Em fevereiro: "Permaneço em meu quarto [...] não há nenhuma mudança em minha frieira; a ferida está do mesmo jeito e o osso, muito inchado [...] não digiro nada e estou cheio de humores que se apóiam em meu peito e irritam minha tosse." Em 10 de março: "Há dois meses e meio permaneço em meu quarto." A vida de Vauvenargues nesses últimos meses é de uma extrema simplicidade, como o confirma o inventário após sua morte. Vauvenargues morre no domingo, 28 de maio, por volta de quatro e meia da manhã: como "cristão filósofo", segundo Marmontel.

I
INTRODUÇÃO
AO CONHECIMENTO
DO ESPÍRITO HUMANO

Prefácio da segunda edição

Todas as boas máximas estão no mundo, diz Pascal, *basta aplicá-las*¹; mas isso é muito difícil. Como essas máximas não são obra de um só homem, mas de uma infinidade de homens diferentes que encaravam as coisas sob ângulos diversos, pouca gente tem o espírito bastante profundo para conciliar tantas verdades e desvencilhá-las dos erros de que estão eivadas. Em vez de pensar em reunir esses diversos pontos de vista, distraímo-nos em discorrer sobre as opiniões dos filósofos, e opomo-los uns aos outros, fracos demais para aproximar essas máximas esparsas e para formar² com elas um sistema razoável. Nem

....

1. O texto é o da Edição de Port Royal, *Pensées de M. Pascal sur la religion et sur quelques autres sujets* [Pensamentos do sr. Pascal sobre a religião e sobre alguns outros assuntos], 1670, p. 275 (na reimpressão da coleção "Images et témoins de l'âge classique" [Imagens e testemunhas da idade clássica] das Universidades da região Ródano-Alpes, Edições da Universidade de Saint-Étienne, 1971, p. 389). As edições das *Pensées* [Pensamentos] de Brunschvicg (Nº 380) e de Philippe Sellier (Nº 458) apresentam o texto seguinte: "Todas as boas máximas estão no mundo: só nos falta aplicá-las."

2. Após "formar", o discurso preliminar da edição original (*Introduction à la connaissance de l'esprit humain, suivie de réflexions et de maximes* [Introdução ao conhecimento do espírito humano seguida de reflexões e de máximas], A Paris, edição de Antoine-Claude Briasson, MDCCXLVI) apresenta um texto nitidamente diferente: "formar um corpo de razão. Se algum gê-

mesmo parece que alguém esteja muito preocupado com as luzes e com os conhecimentos que nos faltam. Uns adormecem em cima da autoridade dos preconceitos, e admitem mesmo alguns que são contraditórios, por não irem até o ponto pelo qual eles se contrariam; e outros passam a vida a duvidar e a discutir, sem se embaraçar com o assunto de suas discussões e de suas dúvidas.

Muitas vezes me espantei, quando comecei a refletir, de ver que não houve nenhum princípio sem contradição, nenhum termo, mesmo sobre os grandes temas, a respeito de cuja idéia se estivesse de acordo. Dizia às vezes com meus botões: não existe procedimento indiferente na vida. Se a conduzirmos sem o conhecimento da verdade, que abismo!

Quem sabe o que deve estimar, ou desprezar, ou odiar, se não sabe o que é bem e o que é mal? E que idéia se terá de si mesmo se se ignora o que é estimável etc.

....

nio mais sólido se propuser a tão grande trabalho, nós nos unimos a ele. Aristóteles, dizemos, lançou todas as sementes das descobertas de Descartes; embora seja manifesto que Descartes tenha tirado dessas verdades, conhecidas, a nosso ver, na Antiguidade, conseqüências que subvertem toda a doutrina, publicamos ousadamente as nossas calúnias. Isso me lembra ainda estas palavras de Pascal: 'são raros aqueles que são capazes de inventar; os que nada inventam são muito mais numerosos e, conseqüentemente, mais fortes, e vê-se que, em geral, eles recusam aos inventores a glória que merecem etc.' (Edições Port Royal, pp. 315-316 (reed. cit. pp. 435-436); vide Sallier Nº 122 e Br. Nº 302. Assim conservamos obstinadamente os nossos preconceitos, admitimos até alguns que são contraditórios, por não ir até o ponto em que eles se contrariam. É uma coisa monstruosa essa confiança em que as pessoas adormecem, por assim dizer, apoiadas na autoridade das máximas populares, não havendo aí nenhum princípio sem contradição, nenhum termo mesmo sobre os grandes assuntos a respeito de cuja idéia se esteja de acordo. Citarei apenas um exemplo: definam-me a virtude. Não existe procedimento indiferente..."

_____ *Introdução ao conhecimento do espírito humano* _____

Princípios não se provam, diziam-me. Vejamos se isso é verdade, respondia eu: pois isso mesmo é um princípio muito fecundo³, que pode nos servir de fundamento.

Ignorava, entretanto, o caminho a seguir para sair das incertezas que me cercavam. Não sabia exatamente o que buscava, nem o que podia me esclarecer, e conhecia poucas pessoas que estivessem em condição de me informar. Escutei então esse instinto que excitava a minha curiosidade e as minhas inquietações, e disse: Que quero eu saber? Que me importa conhecer? As coisas que têm comigo as relações mais necessárias? Certamente. Ora, onde encontrarei essas relações, senão no estudo de mim mesmo, e no conhecimento dos homens, que são o fim único das minhas ações e o objeto de toda a minha vida? Os meus prazeres, os meus pesares, as minhas paixões, os meus negócios, tudo gira em torno deles. Se eu existisse sozinho na terra, teria a sua inteira posse: não teria mais preocupações, nem prazeres, nem desejos; a fortuna e a própria glória não passariam de meros nomes para mim; pois não haja nisso engano: só desfrutamos dos homens, o resto não é nada. Mas, prossegui, iluminado por uma

....
3. Depois de "muito fecundo", texto do discurso preliminar de 1746: "e que será fundamento. Dedicamo-nos ao estudo da química, da astronomia, ou daquilo a que se chama erudição, como se nada tivéssemos de mais importante para conhecer. Não nos faltam pretextos para justificar esses estudos. Não existe ciência que não tenha o seu lado útil. Os que passam a vida toda a estudar os mariscos dizem que contemplam a Natureza. Ó demência cega! Será a glória um nome, a virtude um erro, a fé um fantasma? Negamos ou recebemos essas opiniões que nunca aprofundamos, e dedicamo-nos tranqüilamente a ciências de pura curiosidade. Acreditamos conhecer as coisas de que ignoramos os princípios? Imbuído dessas reflexões desde a minha infância, e ferido pelas contradições por demais manifestas de nossas opiniões, eu buscava através de tantos erros as veredas abandonadas da verdade, e disse..."

nova luz: o que é que não se encontra no conhecimento do homem? Os deveres dos homens reunidos em sociedade, eis a moral; os interesses recíprocos dessas sociedades, eis a política; suas obrigações para com Deus, eis a religião.

Ocupado com essas grandes vistas, propus-me percorrer primeiro todas as qualidades do espírito, depois todas as paixões e, finalmente, todas as virtudes e todos os vícios que, sendo apenas qualidades humanas, não podem ser conhecidas senão em seu princípio[4]. Meditei então sobre esse projeto e lancei os fundamentos de um longo trabalho. As paixões inseparáveis da juventude, enfermidades contínuas, a guerra advinda naquelas circunstâncias interromperam o meu estudo. Propunha-me retomá-lo um dia com a devida calma e repouso, mas eis que novos contratempos me tiraram, de certo modo, a esperança de dar maior perfeição à obra.

Dediquei-me, tanto quanto pude, nesta segunda edição, a corrigir os erros de linguagem que me foram apontados na primeira. Retoquei o estilo em vários lugares. Alguns capítulos foram mais desenvolvidos e ampliados. É o caso do capítulo sobre o gênio. Podem-se notar também as argumentações que fiz, nos conselhos a um jovem e nas reflexões críticas sobre os poetas, aos quais

....
4. Após "princípio", as últimas linhas do discurso preliminar eram as seguintes na versão de 1746: "Trabalhei nessa idéia desde a juventude, e lancei os fundamentos de um longo trabalho. As paixões inseparáveis dessa idade, as enfermidades contínuas, a guerra advinda naquelas circunstâncias interromperam este estudo. Propunha-me retomá-lo um dia em retiro, quando razões mais adversas me forçaram uma vez mais a abandonar a tarefa. Possa este escrito, na imperfeição em que o deixo, inspirar aos amantes da verdade o desejo de conhecê-la mais e melhor; não há talento, nem sabedoria, nem prazeres sólidos dentro do erro."

acrescentei Rousseau[5] e Quinault, autores célebres de quem eu ainda não tinha falado. Por fim, verificar-se-á que fiz mudanças ainda mais consideráveis nas máximas. Suprimi mais de duzentos pensamentos, por serem ou demasiado obscuros, ou demasiado comuns, ou inúteis. Mudei a ordem das máximas que mantive; expliquei algumas e acrescentei outras, que distribuí indiferentemente entre as antigas. Se tivesse podido aproveitar todas as observações que meus amigos se dignaram fazer a respeito das minhas falhas, talvez tivesse tornado este pequeno livro menos indigno deles. Mas minha saúde combalida não me permitiu testemunhar-lhes por esse trabalho o desejo que tenho de lhes agradar.

----

5. Trata-se de Jean-Baptiste Rousseau (1671-1741), evidentemente.

LIVRO I

Do espírito em geral

Aqueles que não podem encontrar a razão das variedades do espírito humano supõem haver nele contrariedades inexplicáveis. Admiram-se de que um homem com vivacidade não seja penetrante; que o que raciocina com exatidão tenha falta de juízo em sua conduta; que aquele outro, que fala com clareza, tenha o espírito falso etc. O que faz com que tenham tanta dificuldade para conciliar essas pretensas bizarrias é que confundem as qualidades do caráter com as do espírito, que atribuem ao raciocínio efeitos que pertencem às paixões. Não percebem que um espírito exato que comete um erro não o comete às vezes senão para satisfazer a uma paixão, e não por falta de clareza. E, quando acontece faltar penetração a um homem vivaz, não pensam que penetração e vivacidade são duas coisas bastante diferentes, embora semelhantes, e que podem estar separadas. Não tenho a pretensão de descobrir todas as fontes dos nossos erros numa matéria sem limites. Quando acreditamos pegar a verdade por um lado, ela nos escapa por mil outros. Mas espero que, percorrendo as principais partes do espírito, possa observar-lhes as diferenças essenciais e dissipar um grande número dessas contradições imaginárias que a ignorância admite. O objeto deste primeiro livro é dar a conhecer, mediante definições e reflexões, fundamentadas na experiência, todas essas diferentes qualidades dos homens que estão compreendidas sob o nome de espírito. Aqueles que buscam as causas físicas dessas mesmas qualidades poderiam talvez falar delas com menos incerteza se conseguíssemos, neste livro, desenvolver os efeitos cujos princípios eles estudam.

Imaginação, reflexão, memória

Existem três princípios notáveis no espírito: a imaginação, a reflexão e a memória.

Chamo imaginação ao dom de conceber coisas de maneira figurada e de manifestar os pensamentos por imagens. Assim a imaginação fala sempre aos nossos sentidos; é a inventora das artes e o ornamento do espírito.

A reflexão é a capacidade de nos recolher sobre nossas idéias, de as examinar, modificá-las, ou combiná-las de diversas maneiras. Ela é o grande princípio do raciocínio, do juízo etc.

A memória conserva o precioso depósito da imaginação e da reflexão. Seria supérfluo alongar-nos em descrever sua utilidade não contestada. Na maioria dos nossos raciocínios, só empregamos nossas reminiscências; é sobre elas que construímos: são o fundamento e a matéria dos nossos discursos. O espírito que a memória pára de alimentar se extingue nos esforços laboriosos de suas buscas. Se existe um preconceito antigo sobre as pessoas de boa memória, é porque se supõe que elas não podem abranger e ordenar todas as suas lembranças; porque se presume que seu espírito, aberto para toda espécie de impressões, é vazio, e só se sobrecarrega de tantas idéias alheias porque tem poucas próprias: mas a experiência tem contradito essas conjecturas com grandes exemplos. E tudo que se pode concluir com razão é que é necessário que cada um tenha memória na proporção de seu espírito, sem o que se cai num destes dois vícios: a falta ou o excesso.

Fecundidade

Imaginar, refletir, lembrar-se, aí estão as três principais faculdades de nosso espírito. Aí está todo o dom de pensar, que precede e fecunda os outros. Depois vem a fecundidade, depois a justeza etc.

Os espíritos estéreis deixam escapar muitas coisas e não conseguem ver os seus lados todos: mas o espírito fecundo sem justeza se confunde em sua abundância, e o calor do sentimento que o acompanha é um princípio de ilusão que muito se deve temer; de maneira que não é incomum pensar muito e com pouca justeza.

Ninguém pensa, creio, que todos os espíritos sejam fecundos, ou penetrantes, ou eloqüentes, ou exatos nas mesmas coisas. Uns abundam em imagens, outros em reflexões, outros em citações etc. Cada um segundo o seu caráter, suas inclinações, seus hábitos, sua força ou sua fraqueza.

Vivacidade

A vivacidade consiste na prontidão das operações do espírito. Nem sempre ela vem unida à fecundidade. Existem espíritos lentos, férteis; existem outros vivazes, estéreis. A lentidão dos primeiros vem, às vezes, da fraqueza de sua memória, ou da confusão de suas idéias, ou, enfim, de alguma falha em seus órgãos, que impede as mentes de se expandirem com rapidez. A esterilidade dos espíritos vivazes cujos órgãos estão bem dispostos vem de sua falta de força para acompanhar uma idéia, ou de sua falta de paixões; pois as paixões fertilizam o espírito sobre as coisas que lhes são próprias. E isso poderia explicar certas bizarrias: um espírito vivo na conversação o qual se apaga no escritório; um gênio penetrante na intriga que se torna moroso nas ciências etc.

É também por esse motivo que as pessoas divertidas, a quem interessam todos os objetos frívolos, parecem as mais vivas na sociedade mundana. Como as ninharias que sustentam a conversação constituem sua paixão dominante, elas excitam-lhe toda a vivacidade e fornecem-lhe contínua oportunidade de aparecer. Quanto àqueles que têm paixões mais sérias, permanecendo frios com relação a essas infantilidades, toda a vivacidade de seu espírito permanece concentrada.

Penetração

A penetração é uma facilidade de conceber, de remontar ao princípio das coisas, ou de antever seus efeitos por uma rápida seqüência de induções.

É uma qualidade que está ligada, como as outras, à nossa organização; mas que nossos hábitos e conhecimentos aperfeiçoam: nossos conhecimentos, porque formam um amontoado de idéias a que basta despertar; nossos hábitos, porque abrem os nossos órgãos e dão às mentes um curso fácil e imediato.

Um espírito extremamente vivo pode ser falho, e deixar escapar muitas coisas por vivacidade, ou por incapacidade de reflexão, e não ser penetrante: mas o espírito penetrante não pode ser lento; sua verdadeira característica é a vivacidade e a justeza unidas à reflexão.

Quando se está muito preocupado com certos princípios a respeito de uma ciência, tem-se mais dificuldade para receber outras idéias sobre a mesma ciência e um novo método: mas é também isso uma prova de que a penetração é dependente, como já disse, de nossos conhecimentos e de nossos hábitos. Aqueles que fazem um estudo pueril dos enigmas penetram-lhes o sentido mais depressa do que os filósofos mais sutis.

Da justeza, da clareza, do juízo

A clareza é o ornamento da justeza, mas não é inseparável dela. Nem todos aqueles que têm o espírito claro o têm exato. Existem homens que concebem muito distintamente e que não raciocinam de modo conseqüente. O seu espírito demasiado fraco ou demasiado rápido não consegue seguir a ligação entre as coisas, e deixa escapar as suas relações. Esses homens não podem abranger muitos pontos de vista e atribuem por vezes a todo um objeto algo que só convém ao pouco que dele conhecem. A clareza de suas idéias impede que desconfiem disso. Eles próprios se deixam ofuscar pelo brilho das imagens que os preocupam; e a luz de suas expressões os prende ao erro de seus pensamentos. A justeza vem de um sentimento do verdadeiro, formado na alma, acompanhado do dom de aproximar as conseqüências dos princípios, e de combinar suas relações. Um homem medíocre pode ter justeza na sua medida, uma pequena obra também. É por certo uma grande vantagem, em qualquer sentido que seja considerado: todas as coisas em diversos gêneros só tendem à perfeição na medida em que têm justeza.

Aqueles que querem definir tudo não confundem o juízo com o espírito exato; relacionam com este último a justeza no raciocínio, na composição, em todas as coisas de pura especulação; a justeza na condução da vida, eles a ligam ao juízo.

Devo acrescentar que existe uma justeza e uma clareza de imaginação; uma justeza e uma clareza de reflexão, de memória, de sentimento, de raciocínio, de eloqüência etc. O temperamento e o costume colocam diferenças infinitas entre os homens e reduzem geralmente muito suas qualidades. É necessário aplicar este princípio a cada parte do espírito, é facílimo entender.

Direi ainda uma coisa que poucas pessoas ignoram: encontram-se às vezes, no espírito dos homens mais sábios, idéias que, por sua natureza, parecem inconciliáveis, mas que a educação, o costume, ou alguma impressão muito violenta ligaram irrevogavelmente em sua memória. Essas idéias estão de tal maneira unidas e se apresentam com tanta força, que nada pode separá-las; essas recaídas de loucura são sem consequência e provam apenas, de maneira incontestável, o invencível poder do costume.

Do bom senso

O bom senso não exige um juízo muito profundo; parece antes consistir em só perceber os objetos na proporção exata que eles têm com a nossa natureza ou com a nossa condição. O bom senso não consiste então em pensar sobre as coisas com excesso de sagacidade, mas em concebê-las de maneira útil, em tomá-las no bom sentido.

Aquele que vê com um microscópio percebe, certamente, mais qualidade nas coisas; mas não as percebe em sua proporção natural com a natureza do homem, como quem usa apenas os olhos. Imagem dos espíritos sutis, eles às vezes penetram fundo demais; quem olha naturalmente as coisas tem bom senso.

O bom senso se forma a partir de um gosto natural pela justeza e pelo mediano; é uma qualidade do caráter, mais do que do espírito. Para ter muito bom senso, é preciso ser feito de maneira que a razão predomine sobre o sentimento, a experiência sobre o raciocínio.

O juízo vai mais longe do que o senso, mas seus princípios são mais variáveis.

Da profundeza

A profundeza é o termo da reflexão. Quem quer que tenha o espírito verdadeiramente profundo, deve ter a força de fixar o pensamento fugidio; de retê-lo sob os olhos para considerar-lhe o fundo, e reduzir a um ponto uma longa cadeia de idéias; é principalmente àqueles a quem esse espírito foi dado que a clareza e a justeza são necessárias. Quando lhes faltam essas vantagens, suas vistas ficam embaraçadas com ilusões e cobertas de obscuridades. No entanto, como tais espíritos vêem sempre mais longe do que os outros nas coisas de sua alçada, julgam-se também mais próximos da verdade do que os demais homens; mas estes, não os podendo seguir em suas sendas tenebrosas, nem remontar das conseqüências até a altura dos princípios, são frios e desdenhosos para com esse tipo de espírito que não podem mensurar.

E, mesmo entre as pessoas profundas, como algumas o são com relação às coisas do mundo e outras nas ciências ou numa arte particular, preferindo cada qual o objeto cujos usos melhor conhece, isso também é, de todos os lados, matéria de dissensão.

Finalmente, nota-se um ciúme ainda mais particular entre os espíritos vivazes e os espíritos profundos, que só possuem um na falta do outro; porque, caminhando uns mais rápido e indo outros mais longe, têm a loucura de quererem entrar em concorrência e, não encontrando comum medida para coisas tão diferentes, nada é capaz de os aproximar.

Da delicadeza, da finura e da força

A delicadeza vem essencialmente da alma; é uma sensibilidade cujo grau é determinado pelo costume mais ou menos ousado. Algumas nações colocaram delicadeza onde outras só encontraram um langor sem graça; outras fizeram o contrário. Nós* colocamos essa qualidade em mais alto apreço do que qualquer outro povo da terra: queremos dar a entender muitas coisas sem as exprimir e apresentá-las sob imagens suaves e veladas: confundimos a delicadeza e a finura, que é uma espécie de sagacidade sobre as coisas do sentimento. Entretanto a natureza separa muitas vezes dons que ela fez tão diversos: grande número de espíritos delicados são somente delicados; muitos outros são somente finos; vêem-se até alguns que se exprimem com mais fineza do que entendem, porque têm mais facilidade para falar do que para conceber. Esta última singularidade é notável; a maioria dos homens sente além de suas fracas expressões: a eloqüência é, talvez, o mais raro como o mais gracioso de todos os dons.

A força vem também primeiro do sentimento, e se caracteriza pela forma de expressão; mas quando a clareza e a justeza não se juntam a ela, fica-se duro em vez de forte, obscuro em vez de preciso etc.

Da extensão do espírito

Nada serve ao juízo e à penetração como a extensão do espírito. Pode-se encará-la, creio, como uma disposição admirável dos órgãos que nos permite abraçar muitas idéias ao mesmo tempo sem as confundir.

Um espírito extenso considera os seres em suas relações mútuas: ele capta com um só olhar todas as ramifi-

....
* Nós, os franceses... (N. do T.)

cações das coisas; reúne-as em sua fonte e num centro comum; coloca-as sob um mesmo ponto de vista. Enfim, derrama sua luz sobre grandes objetos e sobre uma vasta superfície.

Não se pode ter um grande gênio sem que se tenha o espírito extenso, mas é possível que se tenha um espírito extenso sem se ter gênio, pois são duas coisas distintas: o gênio é ativo, fecundo; o espírito extenso muito freqüentemente se limita à especulação, é frio, preguiçoso e tímido.

Ninguém ignora que essa qualidade depende também muito da alma, que dá geralmente ao espírito os seus próprios limites e o reduz ou estende, segundo o esforço que ela própria se impõe.

Das saliências

A palavra saliência vem de saltar*; ter saliências é passar sem gradação de uma idéia a outra, que pode aliar-se a ela. É captar as relações das coisas mais distanciadas, o que demanda sem dúvida vivacidade e um espírito ágil. Essas transições súbitas e inesperadas causam sempre uma grande surpresa; se dizem respeito a algo en-

....
* Em francês lê-se: *Le mot saillie vient de sauter;...* Na verdade, "saillie" vem do verbo "saillir", que por sua vez vem do latim, "salire", que significa saltar, lançar-se com ímpeto, brotar, cobrir a fêmea (sentidos que se mantiveram em francês), e cujo supino "saltum" dá origem ao substantivo "salto" (em fr. *saut*) e daí ao verbo "saltar" (em fr. *sauter*). O verbo latino "salire" deu "sair" em português – cujo sentido não convém ao contexto em pauta – mas deu também "saliente" e "saliência", que usamos aqui, embora tenha um sentido mais estático do que o seu cognato francês. (N. do T.)

graçado, incitam ao riso; se a algo profundo, causam admiração; se a algo grande, elevam: mas aqueles que não são capazes de elevar-se, ou de penetrar num lance de olhos em relações muito aprofundadas, não admiram senão aquelas relações esquisitas e sensíveis que as pessoas mundanas captam tão bem. E o filósofo que aproxima mediante luminosas sentenças as verdades aparentemente mais separadas, reclama inutilmente contra esta injustiça: os homens frívolos que necessitam de tempo para seguir essas grandes caminhadas da reflexão ficam numa espécie de impotência de admirá-las, visto que a admiração só se dá com a surpresa e raramente chega por etapas.

As saliências ocupam de certo modo no espírito a mesma posição que o humor pode ter nas paixões. Não supõem necessariamente grandes luzes. Elas desenham o caráter do espírito; assim, aqueles que aprofundam prontamente as coisas têm saliências de reflexões; as pessoas de boa imaginação, saliências de imaginação; outras, saliências de memória; os maus, das maldades; as pessoas alegres, das coisas engraçadas etc.

As pessoas mundanas, que estudam aquilo que pode agradar, levaram mais longe do que os outros este tipo de espírito; mas porque é difícil para os homens não exagerar aquilo que é bom, eles fizeram do mais natural de todos os dons um jargão cheio de afetação. A vontade de brilhar fê-los abandonar, por reflexão, o verdadeiro e o sólido, para correr sem parar atrás das alusões e dos jogos de imaginação mais frívolos; parece terem combinado entre si para nada mais dizerem de coerente e para captar nas coisas apenas aquilo que elas têm de engraçado e de superficial. Esse espírito, que eles acham tão amável, está sem dúvida muito afastado da Natureza, que se compraz em repousar sobre os assuntos que ela embeleza, e encontra a variedade na fecundidade de suas luzes, muito mais do que na diversidade de seus objetos. Uma agradabilidade tão falsa e superficial é um inimigo do coração e do espírito, que ela reduz a limites estreitos; é uma arte que tira a vida de todos os discursos, banindo o sentimento que é sua alma, e que torna as conversações mundanas tão fastidiosas quanto insensatas e ridículas.

Do gosto

O gosto é uma aptidão para julgar bem a respeito dos objetos do sentimento. É pois necessário ter alma para ter gosto; é também necessário ter penetração, porque é a inteligência que move o sentimento. O que o espírito só consegue penetrar com dificuldade não chega muitas vezes até o coração, ou não causa nele mais do que uma fraca impressão; é isso que faz com que as coisas que não se podem captar num lance de olhos não pertençam ao domínio do gosto.

O bom gosto consiste num sentimento da bela natureza; aqueles que não possuem um espírito natural não podem ter o gosto justo.

Toda verdade pode entrar num livro de reflexão, mas, numa obra de gosto, queremos que a verdade seja buscada na Natureza; não queremos hipóteses, tudo o que é apenas engenhoso é contra as regras do gosto.

Há níveis e partes diferentes no espírito, tal como no gosto. Nosso gosto pode, creio, estender-se tanto quanto nossa inteligência; mas é difícil que vá além. Entretanto, aqueles que têm uma espécie de talento acreditam quase sempre ter um gosto universal, o que os leva às vezes a julgar das coisas que lhes são as mais estranhas. Mas essa presunção, que se poderia supor nos homens que têm talento, nota-se também entre aqueles que fazem arrazoados sobre talentos e que têm um verniz superficial das regras do gosto, de que fazem aplicações totalmente extravagantes. É nas grandes cidades, mais do que nas outras, que se pode observar o que estou dizendo; elas são povoadas desses homens presunçosos que possuem bastante educação e costumes mundanos para falar das coisas de que não entendem, de modo que elas são o palco das mais impertinentes decisões; e é nelas que se verá colocar ao lado das melhores obras uma insossa compilação das tiradas mais brilhantes de moral e de gosto, misturadas a velhas canções e a outras extravagâncias, com um estilo tão burguês e tão ridículo que provoca náuseas.

Creio poder-se dizer sem temeridade que o gosto da maioria não é correto: a circulação desonrosa de tantos livros ridículos é uma prova palpável disso. Esses escritos, é verdade, não se mantêm; mas aqueles que os substituem não são elaborados a partir de um modelo melhor: a inconstância aparente do público só cabe atribuir aos autores. Isso vem de que as coisas só causam impressão sobre nós segundo a proporção que mantêm com o nosso espírito; tudo que está fora da nossa esfera nos escapa, o baixo, o ingênuo, o sublime etc.

É verdade que os hábeis modificam nosso julgamento, mas não podem mudar nosso gosto, porque as inclinações da alma são independentes de suas opiniões; o que não se sente de início não se sente por níveis, como se faz ao julgar. Daí vem que se vejam obras criticadas pelo povo e que, apesar disso, lhe agradam, pois ele só as critica por reflexão, e as experimenta por sentimento.

Admita-se que os juízos do público, depurados pelo tempo e pelos mestres, sejam infalíveis; mas distingamolos do seu gosto, que parece sempre recusável.

Encerro estas observações: há muito se pergunta se é possível justificar racionalmente matérias de sentimento: todos admitem que o sentimento só se pode conhecer pela experiência; mas aos que têm habilidade é dado explicar sem dificuldade as causas ocultas que o excitam: entretanto muitas pessoas de gosto não têm essa facilidade, e numerosos dissertadores que fazem infinitos arrazoados não têm o sentimento, que é a base das justas noções sobre o gosto.

Da linguagem e da eloqüência

Pode-se dizer em geral da expressão que ela corresponde à natureza das idéias e, por conseguinte, às diversas características do espírito.

Seria no entanto temerário julgar todos os homens pela linguagem. Talvez seja raro encontrar uma proporção exata entre o dom de pensar e o de exprimir: os termos não têm uma ligação necessária com as idéias: quer-se falar de um homem que se conhece muito, de quem se tem o caráter, a fisionomia, o porte, tudo presente no espírito, menos o seu nome que se quer dizer, e de que não se consegue lembrar; o mesmo acontece com muitas coisas de que se têm idéias muito claras, mas que a expressão não acompanha: daí vem que as pessoas competentes às vezes não têm essa facilidade de exprimir as idéias, que homens superficiais possuem com vantagem.

A precisão e a justeza da linguagem dependem da propriedade dos termos que se empregam.

A força acrescenta à justeza e à brevidade aquilo que ela retira do sentimento; ela se caracteriza geralmente pela formulação da expressão.

A finura emprega termos que dão muito a entender.

A delicadeza esconde sob o véu das palavras aquilo que há de repugnante nas coisas.

A nobreza tem um ar descontraído, simples, preciso, natural.

O sublime acrescenta à nobreza uma força e uma elevação que abalam o espírito, que o espanta e o lança fora de si; é a expressão mais própria a um sentimento elevado ou a uma grande e surpreendente idéia.

Não se pode sentir o sublime de uma idéia em uma expressão fraca: mas a magnificência das palavras com fracas idéias é propriamente uma algaravia pretensiosa: o sublime exige pensamentos elevados com expressões e torneios que deles sejam dignos.

A eloqüência compreende todas as várias características da elocução; poucas obras são eloqüentes, mas vêem-se traços de eloqüência semeados em vários escritos.

Existe uma eloqüência que está nas palavras, que consiste em exprimir natural e convenientemente aquilo que se pensa, seja qual for a sua natureza; é a eloqüência da sociedade mundana. Existe outra nas próprias idéias e sentimentos, ligada à da expressão; esta é a verdadeira.

Vêem-se também homens a quem o mundo aquece, e outros a quem ele esfria. Os primeiros têm necessidade da presença dos objetos: os outros de estarem retirados e abandonados a si mesmos; aqueles são eloqüentes em suas conversações, estes em suas composições.

Um pouco de imaginação e de memória, um espírito fácil bastam para se falar com elegância; mas quantas coisas entram na eloqüência: o raciocínio e o sentimento, o ingênuo e o patético, a ordem e a desordem, a força e a graciosidade, a suavidade e a veemência etc.

Tudo quanto jamais se disse sobre o valor da eloqüência não passa de uma fraca expressão. Ela dá vida a tudo; nas ciências, nos negócios, na conversação, na composição, na própria busca dos prazeres, nada pode ter êxito sem ela. Brinca com as paixões dos homens, agita-as, acalma-as, impulsiona-as e as determina a seu bel-prazer: tudo cede à sua voz; só ela enfim é capaz de se celebrar dignamente.

Da invenção

Os homens não podem criar a base das coisas; eles a modificam. Inventar não é portanto criar a matéria de suas invenções, mas dar-lhe a forma. Um arquiteto não faz o mármore que emprega num edifício, ele o dispõe; e a idéia dessa disposição, ele vai buscá-la também em diferentes modelos que funde em sua imaginação para formar um novo todo. Assim também o poeta não cria as imagens da sua poesia. Ele as toma no seio da Natureza e as aplica a diferentes coisas para as figurar com os sentidos; e também o filósofo; ele capta uma verdade muitas vezes ignorada, mas que existe eternamente, para juntar a outra verdade e para com isso formar um princípio. Assim se produzem em diferentes gêneros as obras-primas da reflexão e da imaginação. Todos aqueles que têm a vista bastante boa para ler no seio da Natureza descobrem nela, segundo o caráter de seu espírito, ou a base e o encadeamento das verdades que os outros homens apenas afloram, ou a feliz relação das verdades com as imagens que as embelezam. Os espíritos que não podem penetrar até essa fonte fecunda, ou que não têm força e justeza bastantes para ligar as sensações às idéias, produzem fantasmas sem vida e provam, mais sensivelmente do que todos os filósofos, a nossa impotência para criar.

Não recrimino, entretanto, aqueles que se servem dessa expressão para caracterizar com mais força o dom de inventar. O que disse limita-se a mostrar que a Natureza deve ser o modelo das nossas invenções e que aqueles que a abandonam ou a desconhecem não podem fazer nada de bom.

Saber, depois disso, por que homens às vezes medíocres excelem em invenções a que homens mais esclarecidos não podem aceder, eis o segredo do gênio que vou tentar explicar.

Do gênio e do espírito

Creio não existir gênio sem atividade. Creio que o gênio depende em grande parte de nossas paixões. Creio que ele se forma do concurso de muitas qualidades diferentes e das adequações secretas entre nossas inclinações e nossas luzes. Quando falta alguma dessas condições necessárias, o gênio não existe, ou é apenas imperfeito: e contestam-lhe o nome.

O que constitui, pois, o gênio das negociações, ou o da guerra, ou o da poesia etc., não é um único dom da natureza, como se poderia crer: são várias qualidades quer do espírito, quer do coração, que estão inseparável e intimamente reunidas.

Assim, a imaginação, o entusiasmo, o talento de pintar não bastam para fazer um poeta: é necessário ainda que tenha nascido com uma extrema sensibilidade para a harmonia, com o gênio de sua língua e a arte dos versos.

Assim, a previdência, a fecundidade, a celeridade do espírito sobre os objetos militares não formariam um grande capitão, se a segurança no perigo, o vigor do corpo nas operações laboriosas do ofício e, finalmente, uma atividade incansável não acompanhassem aqueles outros talentos.

É a necessidade desse concurso de tantas qualidades independentes umas das outras que faz aparentemente com que o gênio seja tão raro. Parece que é uma espécie de acaso quando a natureza insere esses diversos méritos num só e mesmo homem. Eu diria que lhe custa menos formar um homem de espírito, porque não há necessidade de colocar entre os seus talentos essa correspondência que o gênio exige.

Entretanto, encontram-se às vezes pessoas de espírito que são mais esclarecidas do que certos gênios. Mas seja porque suas inclinações dividem sua aplicação, seja porque a fraqueza de sua alma os impede de empregar a força de seu espírito, vê-se que eles permanecem muito aquém daqueles que colocam todos os seus recursos e toda a sua atividade em ação a favor de um objeto único.

É esse calor do gênio e esse amor de seu objeto que lhe permite imaginar e inventar sobre esse mesmo objeto. Assim, segundo a inclinação da alma e o caráter do espírito, uns têm a invenção de estilo, outros a do raciocínio, ou a arte de formar sistemas. Gênios bastante grandes parecem quase só ter tido a invenção de detalhe. É o caso de Montaigne. La Fontaine, com um gênio diferente do daquele filósofo, é outro exemplo do que eu disse.

Descartes, ao contrário, tinha o espírito sistemático e a invenção de projeto. Mas faltava-lhe, creio, imaginação na expressão, que enfeita os pensamentos mais comuns.

A essa invenção do gênio está ligado, como se sabe, um caráter original, que ora nasce das expressões e dos sentimentos de um autor, ora de seus projetos, de sua arte, de sua maneira de encarar e de arranjar os objetos. Porque um homem que é dominado pela inclinação de seu espírito e pelas impressões particulares e pessoais que recebe das coisas não pode nem quer furtar o seu caráter àqueles que o espiam.

Entretanto, não se deve crer que esse caráter original deva excluir a arte de imitar. Não conheço grandes homens que não tenham adotado modelos. Rousseau imitou Marot; Corneille, Lucano e Sêneca; Bossuet, os profetas; Racine, os gregos e Virgílio. E Montaigne disse em algum lugar que há nele *uma condição nada macaqueadora e imitadora*[1]. Mas esses grandes homens, ao imitarem, permaneceram originais, porque tinham mais ou menos o mesmo gênio daqueles que tomavam por modelos; de maneira que cultivavam seu próprio caráter sob esses mestres que consultavam e aos quais, às vezes, ultrapassavam: ao passo que aqueles que têm apenas espírito não passam de fracos copistas dos melhores modelos, e nunca atingem a arte deles. Prova incontestável de que é preciso ter gênio para imitar bem, e mesmo um gênio extenso para assumir diversos caracteres; a imitação está longe de excluir o gênio.

Explico esses pequenos detalhes para fazer com que este capítulo fique mais completo, e não para instruir as

---

1. Montaigne, *Essais*, liv. III, cap. V.

pessoas letradas que não os podem ignorar. Acrescentarei ainda uma reflexão em favor das pessoas menos eruditas: é que a primeira vantagem do gênio está em sentir e em conceber mais vivamente os objetos de sua alçada, do que esses mesmos objetos são sentidos e percebidos pelos outros homens.

Com relação ao espírito, direi que esta palavra só foi inventada, de início, para significar de modo geral as diferentes qualidades que já defini: a exatidão, a profundidade, o juízo etc. Mas como nenhum homem pode reuni-las todas, cada uma dessas qualidades pretendeu apropriar-se com exclusividade do nome genérico; daí nasceram disputas muito frívolas: pois, no fundo, pouco importa que seja a vivacidade ou a justeza, ou tal outra parte do espírito que fique com a honra desse título. O nome nada pode diante das coisas. A questão não é saber se é à imaginação ou ao bom senso que pertence o termo espírito. O verdadeiro interesse está em ver qual dessas qualidades, ou de outras que nomeei, deve inspirar maior estima. Nenhuma delas deixa de ter sua utilidade e, ouso dizer, o seu encanto. Talvez não fosse inútil julgar se algumas são mais úteis, ou mais estimáveis, ou maiores do que outras. Mas os homens são incapazes de entrar num acordo sobre o valor das mínimas coisas. A diferença de seus interesses e de suas luzes manterá eternamente a diversidade de suas opiniões e a contrariedade de suas máximas.

Do caráter

Tudo aquilo que forma o espírito e o coração está compreendido no caráter. O gênio não exprime senão a convergência de certas qualidades; mas as contrariedades mais estranhas entram no mesmo caráter e o constituem.

Diz-se de um homem que ele não tem caráter quando os traços de sua alma são fracos, levianos, mutantes; mas mesmo isso constitui um caráter, e a gente concorda a respeito disso.

As desigualdades do caráter influem sobre o espírito; um homem é penetrante, ou lerdo, ou amável segundo o seu humor.

Confundem-se muitas vezes no caráter as qualidades da alma e as do espírito. Um homem é meigo e fácil, achamo-lo insinuante. Tem o humor vivo e alegre, diz-se que tem o espírito vivo; é distraído e sonhador, acredita-se que tem o espírito lento e pouca imaginação. O mundo julga as coisas apenas pela sua casca; é uma coisa que se diz todos os dias, mas que não se sente suficientemente. Algumas observações rápidas sobre os caracteres mais gerais nos farão prestar mais atenção nisso.

Da seriedade

Um dos caracteres mais gerais é a seriedade; mas quantas causas diferentes ela não tem e quantos caracteres estão compreendidos dentro deste? A pessoa é séria por temperamento, por excesso ou falta de paixões, excesso ou falta de idéias, timidez, hábito e mil outras razões.

O exterior distingue todos esses diversos caracteres aos olhos de um homem atento.

A seriedade de um espírito tranqüilo carrega um ar suave e sereno.

A seriedade das paixões ardentes é selvagem, sombria, inflamada.
A seriedade de uma alma abatida dá um exterior lânguido.
A seriedade de um homem estéril parece fria, relaxada e ociosa.
A seriedade da gravidade toma um ar circunspecto como ela.
A seriedade da distração carrega aspectos externos singulares.
A seriedade de um homem tímido quase nunca mantém uma postura.

Ninguém rejeita, no geral, essas variedades, mas, por falta de princípios bem amarrados e bem concebidos, a maioria dos homens são, no detalhe e nas suas aplicações particulares, opostos uns aos outros e a si mesmos; eles mostram a necessidade absoluta de manejar bem os princípios mais familiares e de colocá-los todos juntos sob um ponto de vista que descubra sua fecundidade e sua ligação.

Do sangue-frio

Às vezes tomamos como sangue-frio uma paixão séria e concentrada, que fixa todos os pensamentos de um espírito ardente e o torna insensível às outras coisas. O verdadeiro sangue-frio provém de um sangue suave, moderado e pouco fértil em espíritos. Se corre com demasiada lentidão, pode tornar o espírito lerdo; mas quando é recebido por órgãos fáceis e bem conformados, a justeza, a reflexão e uma singularidade amável o acompanham com freqüência. Nenhum espírito é mais desejável.

Fala-se ainda de outro sangue-frio que é dado pela força de espírito, apoiada na experiência e longas reflexões; por certo este é o mais raro.

Da presença de espírito

A presença de espírito poderia definir-se como uma aptidão em aproveitar as oportunidades para falar ou para agir. É uma vantagem que muitas vezes faltou aos homens mais esclarecidos, que demanda espírito fácil, sangue-frio moderado, a prática dos negócios e, segundo as ocorrências, diversas vantagens; memória e sagacidade na disputa; segurança nos perigos; e, em sociedade, essa liberdade de coração que nos torna atentos a tudo que nela acontece e nos coloca em estado de aproveitar de tudo etc.

Da distração

Existe uma distração bastante parecida com os sonhos que temos durante o sono, que é quando os nossos pensamentos flutuam e se seguem por si mesmos sem força e sem direção. O movimento dos espíritos fica mais lento pouco a pouco; eles vagam a esmo sobre as marcas do cérebro[2], e despertam idéias sem seqüência e sem veracidade; enfim, os órgãos se fecham, formamos

---
2. A teoria das marcas do cérebro (*traces du cerveau*) encontra-se em Descartes (ver, por exemplo, *Les passions de l'âme* [*As paixões da alma*], primeira parte, art. 42) e em Malebranche, principalmente na *Recherche de la vérité* [*Procura da verdade*], liv. II, parte I, cap. V.

apenas sonhos, e isso é propriamente sonhar de olhos abertos.

Essa espécie de distração é bem diferente daquela em que se é lançado pela meditação. A alma obsedada na meditação de um objeto que fixa a sua vista e que a enche toda, age muito no repouso; é um estado totalmente oposto, entretanto ela cai nele esgotada por suas reflexões.

Do espírito de jogo

É uma espécie de gênio, o espírito de jogo, visto que ele depende igualmente da alma e da inteligência. Um homem a quem a perda perturba ou intimida, a quem o ganho leva a arriscar demais, um homem avarento, não são mais feitos para jogar do que aqueles que não podem atingir o espírito de combinação. É necessário, pois, certo grau de clareza e de sentimento, a arte das combinações, o gosto pelo jogo e o amor moderado pelo ganho.

A gente fica admirado, sem razão, de que pessoas tolas possuam essa fraca vantagem. O hábito e o amor do jogo, que levam para este lado toda a sua aplicação, suprem o espírito que lhes falta.

Fim do primeiro livro

LIVRO II

Das paixões

Todas as paixões giram em torno do prazer e da dor, como diz Locke[1]: aí estão sua essência e sua base.

Ao nascermos, experimentamos esses dois estados: o prazer, porque está naturalmente ligado ao ser; a dor, porque se prende ao fato de sermos imperfeitamente.

Se nossa existência fosse perfeita, não conheceríamos senão o prazer. Como é imperfeita, devemos conhecer o prazer e a dor: ora, é da experiência desses dois contrários que tiramos a idéia de bem e de mal[2].

Mas como o prazer e a dor não vêm a todos os homens pelas mesmas coisas, eles relacionam a objetos diversos a idéia de bem e de mal: cada um segundo sua experiência, suas paixões, suas opiniões etc.

Só há, entretanto, dois órgãos de nossos bens e de nossos males: os sentidos e a reflexão.

As impressões que chegam pelos sentidos são imediatas e não se podem definir; não se conhecem as suas ligações; elas são o reflexo da relação que existe entre as coisas e nós, mas essa relação secreta não nos é conhecida.

....

1. Cf. Locke, *Essai philosophique concernant l'entendement humain*, liv. II, cap. XX, parágr. 3 (Trad. De Coste, Amsterdam, 1750, t. II. p. 126).
2. *Id.*, parágr. 2, ed. cit., t. II, p. 25.

As paixões que vêm pelo órgão da reflexão são menos ignoradas. Têm o seu princípio no amor do ser, ou na perfeição do ser, ou no sentimento de sua imperfeição e de seu perecimento.

Tiramos da experiência de nosso ser uma idéia de grandeza, de prazer, de poder que gostaríamos de aumentar sempre: captamos na imperfeição de nosso ser uma idéia de pequenez, de sujeição, de miséria que tentamos abafar: eis aí todas as nossas paixões.

Existem homens em quem o sentimento do ser é mais forte do que o de sua imperfeição; daí a jovialidade, a brandura, a moderação dos desejos.

Existem outros em quem o sentimento de sua imperfeição é mais intenso do que o do ser; daí a inquietação, a melancolia etc.

Desses dois sentimentos juntos, isto é, o de nossas forças e o de nossa miséria, nascem as maiores paixões; porque o sentimento de nossas misérias nos leva a sair de nós mesmos, e o sentimento de nossos recursos nos encoraja e nos conduz pela esperança. Mas aqueles que só sentem a sua miséria sem a força não se apaixonam nunca tanto; pois eles não ousam esperar nada: nem aqueles que apenas sentem sua força sem sua impotência, pois têm pouco a desejar; assim, é preciso uma mistura de coragem e de fraqueza, de tristeza e de presunção. Ora, isso depende do calor do sangue e dos espíritos[3]; e a reflexão que modera as veleidades das pessoas frias incentiva o ardor dos outros, fornecendo-lhes os recursos que alimentam suas ilusões. De onde vem que as paixões

....
3. Os "espíritos animais" tais como os define Descartes, *Les passions de l'âme* [*As paixões da alma*], primeira parte, art. 10.

dos homens de um espírito profundo são mais irredutíveis e mais invencíveis, pois eles não são obrigados a distrair-se delas como o restante dos homens por se esgotarem os pensamentos; mas suas reflexões, ao contrário, são um entretenimento eterno para seus desejos, aquecendo-os; e isso explica ainda por que aqueles que pensam pouco, ou que não podem pensar muito tempo seguido sobre a mesma coisa, só têm como quinhão a inconstância.

Da alegria, do júbilo, da melancolia

O primeiro grau do sentimento agradável da nossa existência é a alegria. O júbilo é um sentimento mais penetrante. Como os homens joviais não são geralmente tão ardentes quanto os demais, talvez não sejam capazes de júbilos esfuziantes; mas os grandes júbilos duram pouco e deixam nossa alma esgotada.

A alegria, mais proporcional à nossa fraqueza do que o júbilo, torna-nos confiantes e ousados, dá um ser e um interesse às coisas menos importantes, faz com que gostemos por instinto de nós mesmos, do que possuímos, de nosso ambiente, de nosso espírito, de nossa vaidade, apesar de misérias bastante grandes.

Essa íntima satisfação nos conduz por vezes a estimarmos a nós mesmos por aspectos muito frívolos; e parece-me que as pessoas joviais são em geral um pouco mais vãs do que as outras.

Por outro lado, os melancólicos são ardentes, tímidos, inquietos, e na maioria das vezes só se salvam da vaidade pela ambição e pelo orgulho.

Do amor-próprio e do amor de nós mesmos

O amor é uma complacência no objeto amado. Amar uma coisa é comprazer-se na sua posse, na sua graça, no seu crescimento, temer a privação dela, suas quedas etc.

Vários filósofos[4] relacionam geralmente ao amor-próprio toda espécie de ligações. Afirmam que a gente se apropria de tudo que ama, que só se busca nisso o próprio prazer e satisfação, que se coloca a si próprio antes de tudo; a ponto de negarem que quem dá sua vida por outro o prefere a si. Ultrapassam o limite nesse ponto pois, se o objeto de nosso amor nos é mais caro sem o ser que o ser sem o objeto de nosso amor, parece que é nosso amor a nossa paixão dominante e não nosso indivíduo próprio; visto que tudo nos escapa com a vida, o bem de que nos havíamos apropriado por nosso amor, como nosso ser verdadeiro. Eles respondem que a paixão nos faz confundir nesse sacrifício a nossa vida e a do objeto amado; que acreditamos só abandonar uma parte de nós mesmos para conservar a outra: ao menos não podem negar que aquela que conservamos parece-nos mais considerável do que a que abandonamos. Ora, desde que nos olhamos como a menor parte no todo, é uma preferência manifesta pelo objeto amado. Pode-se dizer a mesma coisa do homem que, voluntariamente e de sangue-frio, morre pela glória: a vida imaginária que ele compra ao preço de seu ser real é uma preferência incontestável pela glória, que

....
4. Particularmente La Rochefoucauld, Jacques Esprit (*De la fausseté des vertus humaines* [*Da falsidade das virtudes humanas*]), os jansenistas, entre os quais Nicole.

justifica a distinção que alguns escritores[5] sabiamente colocaram entre o amor-próprio e o amor de nós mesmos. Eles concordam em que o amor de nós mesmos entra em todas as nossas paixões, mas distinguem esse amor do outro. Com o amor de nós mesmos, dizem, podemos procurar fora de nós a felicidade; pode-se amar fora de si mesmo mais do que em sua existência própria; não se é em si mesmo o seu único objeto. O amor-próprio, ao contrário, subordina tudo às suas comodidades e ao seu bem-estar, ele é em si mesmo o seu único objeto, seu único fim; de maneira que no lugar em que as paixões que vêm do amor de nós mesmos nos dá às coisas, o amor-próprio quer que as coisas se dêem a nós e faz de si o centro de tudo.

Nada caracteriza tão bem o amor-próprio como a complacência que se tem em si mesmo e nas coisas de que a gente se apropria.

O orgulho é um efeito dessa complacência. Como naturalmente não se estimam as coisas senão na medida em que elas agradam, e como gostamos muitas vezes de nós mesmos acima de todas as coisas, daí vêm essas comparações sempre injustas que a gente faz de si mesmo com os outros e que estão na base de todo o nosso orgulho.

Mas sendo as pretensas vantagens pelas quais nos estimamos extremamente variadas, designamo-las pelos nomes que tornamos próprios a elas. Ao orgulho que

....

5. Ver Abbadie, *L'Art de se connaître soi-même ou la recherche des sources de la morale* [*A arte de conhecer a si mesmo ou a busca das origens da moral*] (1692), e Malebranche, *Traité de l'amour de Dieu* [*Tratado do amor de Deus*] (1697).

provém de uma confiança cega em nossas forças, chamamos presunção; ao que se liga a pequenas coisas, vaidade; ao que se fundamenta no nascimento, no berço, arrogância; ao que é corajoso, altivez.

Tudo o que se sente de prazer ao se apropriar de alguma coisa, riqueza, atrativos, herança etc., e o que se experimenta de amarguras pela perda desses mesmos bens, ou o temor de algum mal, o medo, o despeito, a cólera, tudo isso provém do amor-próprio.

O amor-próprio mescla-se a quase todos os nossos sentimentos, ou pelo menos o amor de nós mesmos; mas para nos resguardar do embaraço que as disputas em torno desses termos provocariam, emprego expressões sinônimas que me parecem menos equívocas. Assim, relaciono todos os nossos sentimentos ao de nossas perfeições e ao de nossa imperfeição: esses dois grandes princípios juntos nos levam a amar, estimar, conservar, engrandecer e defender do mal a nossa frágil existência. São a fonte de todos os nossos prazeres e desprazeres, e a causa fecunda das paixões que vêm pelo órgão da reflexão.

Tentemos aprofundar as principais; acompanharemos mais facilmente assim o rastro das pequenas, que não são mais do que dependências e ramificações daquelas.

Da ambição

O instinto que nos leva a nos engrandecer não é em nenhuma outra parte mais sensível do que na ambição: mas não se deve confundir todos os ambiciosos. Alguns ligam a grandeza firme à autoridade dos empregos; outros às grandes riquezas, outros ao fasto dos títulos etc., vários perseguem seu objetivo sem nenhuma escolha dos meios. Alguns por grandes coisas, e outros pelas mínimas: assim, tal ambição é vício; tal outra, virtude; outra, vigor de espírito; outra ainda, desvio e baixeza...

Todas as paixões tomam o feitio de nosso caráter. Vimos noutra parte que a alma influía muito no espírito; o espírito influi também na alma: é da alma que vêm todos os sentimentos; mas é pelos órgãos do espírito que passam os objetos que os excitam. Conforme a coloração que ele lhes dá, conforme ele os penetra, embeleza-os, disfarça-os, a alma os repudia ou a eles se prende. Mesmo quando se ignorasse que todos os homens não são iguais pelo coração, bastaria saber que eles consideram as coisas segundo suas luzes, talvez ainda mais desiguais, para compreender a diferença que distingue as paixões mesmas que se designam pelo mesmo nome. Tão diferentemente distribuídos pelo espírito e pelos sentimentos, eles se prendem ao mesmo objeto sem buscar o mesmo interesse, e isso não é verdade apenas a respeito dos ambiciosos, mas de toda e qualquer paixão.

Do amor do mundo

Quantas coisas estão compreendidas no amor das coisas mundanas. A libertinagem, o desejo de agradar, a vontade de ser o primeiro etc., o amor pelo sensível e pelo grande em nenhuma outra parte estão tão mesclados.

O gênio e a atividade levam os homens à virtude e à glória; os pequenos talentos, a preguiça, o gosto pelos prazeres, a alegria e a vaidade os fixam nas pequenas coisas;

mas em todos é o mesmo instinto; e o amor do mundo encerra sementes vivas de quase todas as paixões.

Sobre o amor da glória

A glória nos dá sobre os corações uma autoridade natural, que nos toca, sem dúvida, tanto quanto nenhuma de nossas sensações, e nos atordoa mais sobre nossas misérias do que uma vã dissimulação: ela é pois real em todos os sentidos.

Aqueles que falam de seu nada inevitável suportariam talvez com dificuldade o desprezo aberto de um só homem. O vazio das grandes paixões é preenchido pelo grande número das pequenas: aqueles que dizem desprezar a glória alardeiam ser grandes dançarinos ou algo ainda mais insignificante e baixo. São tão cegos que não sentem ser a glória que buscam de maneira tão curiosa; e tão vãos que são capazes de colocá-la nas coisas mais frívolas. A glória, dizem eles, não é virtude, nem mérito; arrazoam bem nisso: ela é apenas a sua recompensa; mas ela nos incentiva no trabalho e na virtude, e muitas vezes nos torna estimáveis para nos fazer estimar.

Tudo é muito abjeto nos homens: a virtude, a glória, a vida; mas as mínimas coisas têm proporções reconhecidas. O carvalho é uma grande árvore perto da cerejeira; assim são os homens, uns em relação aos outros. Quais são as virtudes e as inclinações daqueles que desprezam a glória? Acaso a mereceram?

Do amor das ciências e das letras

A paixão da glória e a paixão das ciências são parecidas em seu princípio, porque vêm ambas do sentimento de nosso vazio e de nossa imperfeição. Mas uma quisera se formar como um novo ser fora de nós; a outra se dedica a estender e a cultivar o nosso patrimônio. Assim, a paixão da glória quer fazer-nos crescer para fora, e a das ciências, para dentro.

Não se pode ter a alma grande, ou o espírito um pouco penetrante, sem alguma paixão pelas letras. As artes consagram-se a pintar os traços da bela natureza; as ciências, à verdade. As artes ou as ciências compreendem tudo que existe de nobre e útil no pensamento; de maneira que só resta para aqueles que as rejeitam aquilo que é indigno de ser pintado ou ensinado etc.

A maioria dos homens honram as letras como a religião e a virtude, isto é, como uma coisa que eles não podem nem conhecer, nem praticar, nem amar.

Ninguém ignora, entretanto, que os bons livros são a essência dos melhores espíritos, a súmula de seus conhecimentos e o fruto de suas longas vigílias. O estudo de uma vida inteira pode neles recolher-se em poucas horas; é um grande auxílio.

Dois inconvenientes são de se temer nessa paixão: a má escolha e o excesso. Quanto à má escolha, é provável que aqueles que buscam conhecimentos pouco úteis não estariam dispostos a fazer outras escolhas, mas o excesso pode ser corrigido.

Se tivéssemos sabedoria, limitar-nos-íamos a um pequeno número de conhecimentos, a fim de melhor possuí-los. Tentaríamos familiarizar-nos com eles e transformá-los em prática; a mais longa e laboriosa teoria esclarece apenas imperfeitamente. Para um homem que não tivesse nunca dançado, inútil seria conhecer todas as regras da dança; deve dar-se o mesmo com os misteres do espírito.

Direi ainda mais: raramente o estudo é útil quando não vem acompanhado pelo comércio do mundo. Não se deve separar as duas coisas: uma nos ensina a pensar, a outra a agir; uma a falar, a outra a escrever; uma a dispor nossa ações, a outra a torná-las fáceis.

O convívio com o mundo faz-nos também pensar com naturalidade, e o hábito das ciências faz-nos pensar profundamente.

Por uma seqüência necessária dessas verdades, aqueles que estão privados de uma e outra vantagens por sua condição fornecem uma prova incontestável da indigência natural do espírito humano. Um vinhateiro, um operário que conserta telhados, presos num pequeno círculo de idéias corriqueiras, mal conhecem os mais grosseiros usos da razão e não exercitam sua capacidade de julgamento, supondo-se que tenham recebido algum quinhão da natureza, a não ser sobre alguns objetos bastante palpáveis. Sei que a educação não pode suprir o gênio. Não ignoro que os dons da natureza valem mais do que os dons da arte. Entretanto a arte é necessária para fazer florescer os talentos. Uma bela natureza negligenciada nunca dará frutos maduros. Pode-se considerar como um bem um gênio praticamente estéril? De que servem a um grande senhor domínios deixados sem cultivo? Será ele rico de possuir esses campos incultos?

Da avareza

Aqueles que gostam do dinheiro só para gastá-lo não são verdadeiramente avaros. A avareza está numa extrema desconfiança dos acontecimentos, que busca garantir-se contra as instabilidades da fortuna por uma excessiva previdência, e manifesta aquele instinto ávido que nos solicita a acrescentar, apoiar, firmar o nosso ser. Baixa e deplorável mania que não exige nem conhecimento, nem vigor de espírito, nem juventude, e que toma, por essa razão, no traquejar dos sentidos, o lugar das outras paixões.

Da paixão do jogo

Embora eu tenha dito que a avareza nasce de uma desconfiança ridícula das vicissitudes da fortuna, e que o amor do jogo parece vir, ao contrário, de uma ridícula confiança nessas mesmas vicissitudes, não deixo de acreditar que existem jogadores avarentos que só são confiantes no jogo; e eles têm ainda, como se diz, um jogo tímido e apertado.

Começos muitas vezes felizes enchem o espírito dos jogadores da idéia de um ganho rapidíssimo, que parece estar sempre ao alcance de suas mãos: isso é determinante.

Por quantos motivos, aliás, não se é levado ao jogo? Por cupidez, amor do fasto, gosto pelos prazeres etc. Basta pois gostar de qualquer dessas coisas para se gostar do jogo: é um recurso para adquiri-las; arriscada na verdade, mas própria a toda espécie de homens, pobres, ricos, fracos, doentes, jovens e velhos, ignorantes e sábios, tolos e hábeis etc., não existe, assim, paixão mais comum do que esta.

Da paixão dos exercícios

Há na paixão dos exercícios um prazer para os sentidos e um prazer para a alma. Os sentidos ficam lisonjeados de agir, de galopar um cavalo, de ouvir o alarido da caça numa floresta; a alma goza da justeza dos sentidos, da força e do adestramento do corpo etc. Aos olhos de um filósofo que medita em seu gabinete, essa glória é bem pueril; mas no movimento do exercício, não se escruta tanto as coisas. Aprofundando os homens, encontram-se verdades humilhantes mas incontestáveis.

Veja a alma de um pescador que se destaca de algum modo de seu corpo para seguir um peixe debaixo da água e empurrá-lo para a armadilha que sua mão lhe arma. Quem acreditaria que ela se rejubila com a derrota do fraco animal e triunfa no fundo de uma rede? Todavia, nada é mais sensível.

Alguém grande na caça prefere matar um javali a uma andorinha: por que razão? Todos a vêem.

Do amor paterno

O amor paterno não difere do amor-próprio. Uma criança só subsiste pelos seus pais, depende deles, vem deles, deve-lhes tudo; nada têm que seja mais seu.

Assim, um pai não separa a idéia de um filho da sua, a menos que o filho enfraqueça essa idéia de propriedade por alguma contradição; mas quanto mais um pai se irrita por essa contradição, mais ele se aflige, mais prova o que eu disse.

Do amor filial e fraterno

Como os filhos não têm nenhum direito sobre a vontade dos pais, sendo a sua ao contrário sempre combatida, isso os faz sentir que são seres à parte e não lhes pode inspirar amor-próprio, porque a propriedade não pode estar do lado da dependência. Isso é visível; é por essa razão que a ternura dos filhos não é tão forte quanto a dos pais; mas as leis tomaram providências quanto a esse inconveniente. Dão garantia aos pais contra a ingratidão dos filhos, como a natureza dá seu aval seguro contra o abuso dos pais; era justo garantir à velhice os socorros que ela prestara à fraqueza dos filhos.

A gratidão precede, nos filhos nascidos com boa índole, o que o dever lhes impõe. Está na sã natureza amar aos que nos amam e nos protegem; e o hábito de uma justa dependência faz com que se adquira o sentimento; mas basta ser homem para ser bom pai; e se não se é homem de bem, raramente se é bom filho.

De resto, coloque-se no lugar do que eu disse a simpatia ou o sangue, e façam-me entender por que o sangue não fala tão forte nos filhos como nos pais; por que a simpatia perece quando a submissão diminui; por que irmãos muitas vezes se odeiam com fundamentos levianos etc.

Mas qual será então o laço da amizade dos irmãos? Uma fortuna, um nome em comum, mesmo nascimento, mesma educação, mesmo caráter às vezes; finalmente o hábito de se ver como pertencentes uns aos outros e como não tendo senão um único ser.

Da amizade que se tem pelos animais

Pode entrar alguma coisa que lisonjeia os sentidos no gosto que se alimenta por certos animais. Quando eles nos pertencem, sempre achei que intervém algo de amor-próprio: nada é mais ridículo de se dizer, e lamento que seja verdade; mas somos tão vazios que, ao se oferecer a nós a menor sombra de propriedade, agarramo-nos a ela imediatamente. Emprestamos a um papagaio pensamentos e sentimentos; imaginamos que ele nos ama, que nos teme, que sente os nossos favores etc., e deste modo, o que amamos é a vantagem que nos proporcionamos sobre ele. Que império! Mas isso é o homem.

Da amizade

É a insuficiência do nosso ser que faz nascer a amizade, e é a insuficiência da própria amizade que a faz perecer.

Está-se sozinho, sente-se a própria miséria, sente-se necessidade de apoio, procura-se quem lhe favoreça os gostos, um companheiro nos prazeres e nos pesares; quer-se um homem de quem se possa possuir o coração e o pensamento. Então a amizade parece ser o que de mais doce há no mundo; tem-se o que se desejou, logo se muda de idéia. Quando se vê de longe algum bem, ele fixa de início os nossos desejos, e quando se chega a ele, sente-se o seu nada. Nossa alma, de que ele prendia a vista na distância, não pode repousar-se nele quando vê mais adiante: assim a amizade, que de longe limitava todas as nossas pretensões, cessa de limitá-las de perto; não preenche o vazio que prometera preencher; deixa-nos necessidades que nos distraem e nos levam a outros bens.

Então a gente se torna negligente, difícil, exige-se logo como um tributo as complacências que de início eram recebidas como um dom. É do caráter dos homens apropriar-se pouco a pouco até das graças de que beneficiam; uma longa posse os acostuma naturalmente a olhar as coisas que possuem como sendo deles; assim, o hábito os persuade de que têm um direito natural sobre a vontade de seus amigos. Gostariam de possuir um título que lhes permitisse governá-los; quando essas pretensões são recíprocas, como se vê com freqüência, o amor-próprio se irrita e grita dos dois lados, produz um azedume, friezas e amargas explicações etc.

Encontram-se, assim, mutuamente, defeitos que antes se escondiam; ou se cai nas paixões que tiram qualquer atrativo da amizade, como as doenças violentas tiram o atrativo pelos mais doces prazeres.

Assim, os homens mais extremados não são os mais capazes de uma amizade constante. Em nenhum outro lugar a encontramos mais viva e mais sólida do que nos espíritos tímidos e sérios, cuja alma moderada conhece a virtude; pois ela alivia o seu coração oprimido sob o mistério e sob o peso do segredo, distende-lhes o espírito, alarga-o, torna-os mais confiantes e mais vivos, mescla-se a seus divertimentos, a seus negócios e a seus prazeres misteriosos: é a alma de toda a sua vida.

Os jovens são também muito sensíveis e muito confiantes; mas a vivacidade de suas paixões os distrai e os torna volúveis. A sensibilidade e a confiança estão desgastadas nos anciãos, mas a necessidade os aproxima e a razão é o laço que os une: alguns amam mais ternamente, outros mais solidamente.

O dever da amizade se estende mais longe do que se acredita; acompanhamos nosso amigo em suas desgraças, mas em suas fraquezas o abandonamos: isso é ser mais fraco do que ele.

Quem quer que se esconda, obrigado a confessar os defeitos dos seus, demonstra baixeza. Estais isento desses vícios? Declarai-vos então bem alto; tomai sob a vossa proteção a fraqueza dos infelizes; não correis nenhum risco com isso; mas não há senão as grandes almas que ousam mostrar-se assim. Os fracos negam-se uns aos outros, e se sacrificam covardemente aos juízos muitas vezes injustos do público; eles não têm com que resistir etc.

Do amor

Entra ordinariamente muita simpatia no amor, isto é, uma inclinação de que os sentidos formam o laço; mas ainda que lhe formem o laço, nem sempre são o seu interesse principal; não é impossível haver um amor isento de grosseria.

As mesmas paixões são bastante diferentes nos homens. O mesmo objeto pode lhes agradar por aspectos opostos; suponho que vários homens podem prender-se a uma mesma mulher; uns a amam por seu espírito, outros por sua virtude, outros por seus defeitos etc. E pode até acontecer que todos a amem por coisas que ela não tem, como quando se ama uma mulher leviana a quem se julga séria. Pouco importa, a gente se prende à idéia que se tem prazer em fazer dela; e é mesmo apenas essa idéia que se ama, não é a mulher leviana. Assim, não é o objeto das paixões que as degrada ou as enobrece, mas a maneira como a gente o encara. Ora, eu disse que era possível que se buscasse no amor algo mais puro do que o interesse dos nossos sentidos. Eis o que me faz pensar assim. Vejo todos os dias no mundo que um homem cercado de mulheres com as quais nunca falou, como na missa, no sermão, nem sempre se decide pela mais bonita, ou mesmo pela que lhe pareça tal. Qual a razão disso? É que cada beleza exprime um caráter bem particular, e preferimos aquele que melhor se encaixa no nosso. É pois o caráter que nos determina algumas vezes; é então a alma que procuramos: não podem me negar isso. Portanto, tudo que se oferece aos nossos sentidos só nos agrada como a imagem daquilo que se esconde à vista deles; portanto, só gostamos então das qualidades sensíveis como órgãos de nosso prazer, e com subordinação às qualidades imperceptíveis aos sentidos, de que elas são a expressão; portanto, pelo menos é verdade que a alma é aquilo que mais nos toca. Ora, não é aos sentidos que a alma é agradável, mas ao espírito: assim, o interesse do espírito se torna o principal, e se o interesse dos sentidos lhe fosse oposto, nós o sacrificaríamos. Basta pois nos persuadirmos de que ele lhe é verdadeiramente oposto, que é uma nódoa para a alma. Eis o amor puro.

Amor no entanto verdadeiro, que não se deve confundir com a amizade; porque na amizade, é o espírito que é o órgão do sentimento; aqui, são os sentidos. E como as idéias que vêm pelos sentidos são infinitamente mais poderosas do que as vistas da reflexão, o que elas inspiram é a paixão. A amizade não vai tão longe.

Da fisionomia

A fisionomia é a expressão do caráter e do temperamento. Uma fisionomia tola é aquela que exprime apenas a compleição, como um temperamento robusto etc. Mas nunca se deve julgar pela fisionomia; porque há tantos traços misturados no rosto e no porte dos homens que muitas vezes isso pode enganar; sem falar dos acidentes que desfiguram os traços naturais e que impedem a alma de neles se manifestar, como a varíola, a magreza etc.

Poder-se-ia antes conjecturar sobre o caráter dos homens, pelo prazer que lhes dão certos rostos que correspondem às suas paixões, mas ainda assim a gente poderia se enganar.

Da piedade

A piedade é um sentimento em que se mesclam a tristeza e o amor; não creio que ela precise ser excitada por um retorno sobre nós mesmos, como se acredita. Por que a miséria não poderia fazer para o nosso coração o que faz a vista de uma ferida para os nossos sentidos? Não existem coisas que afetam imediatamente o espírito? A impressão das novidades não previnem sempre as nossas reflexões? Será a nossa alma incapaz de um sentimento desinteressado?

Do ódio

O ódio é um desprazer no objeto odiado. É uma tristeza que nos dá, pelo fato de ele existir, uma secreta aversão: a essa tristeza chamamos ciúme, quando é um efeito do sentimento de nossas desvantagens comparadas ao bem de alguém. Quando se juntam a esse ciúme ódio e uma vontade de vingança dissimulada pela fraqueza, é inveja.

Há poucas paixões em que não entre amor ou ódio. A cólera não é mais do que uma aversão súbita e violenta, inflamada por um desejo cego de vingança.

A indignação, um sentimento de cólera e de desprezo; o desprezo, um sentimento mesclado de ódio e de orgulho; a antipatia, um ódio violento que não raciocina.

Entra também aversão na repugnância; não é uma simples privação como a indiferença; e a melancolia, que comumente não é mais do que uma repugnância universal sem esperança, tem também muito a ver com o ódio.

Com relação às paixões que vêm do amor, já falei delas noutra parte; contento-me pois em repetir aqui que todos os sentimentos que o desejo acende são mesclados de amor ou de ódio.

Da estima, do respeito e do desprezo

A estima é uma confissão interior do mérito de alguma coisa; o respeito é o sentimento da superioridade de outra pessoa.

Não existe amor sem estima, já disse a razão disso. Sendo o amor uma complacência no objeto amado, e não podendo os homens furtar-se de encontrar um preço para as coisas que agradam, pouco falta para que eles pautem a sua estima sobre o grau de prazer que os objetos lhes proporcionam. E se é verdade que cada um se estima pessoalmente mais do que qualquer outro, é, como já foi dito, porque não há nada que nos agrade ordinariamente tanto quanto nós mesmos.

Assim, não somente estima-se a si próprio antes de tudo, mas estima-se ainda todas as coisas que se amam; como a caça, a música, os cavalos etc., e os que desprezam suas próprias paixões não o fazem senão por reflexão e por um esforço de razão, pois o instinto os leva ao contrário.

Por uma conseqüência natural do mesmo princípio, o ódio rebaixa aqueles que são seu objeto, com o mesmo cuidado com que o amor os eleva. É impossível aos homens persuadir-se de que aquilo que os machuca não tenha algum grande defeito; é um juízo confuso que o espírito elabora em si mesmo, como faz ao contrário quando ama. E se a reflexão contraria esse instinto, porque há qualidades que se costuma estimar e outras, desprezar, então essa contradição não faz senão irritar a paixão e, em vez de ceder aos traços da verdade, desvia os olhos. Assim, despoja o seu objeto de suas qualidades naturais para atribuir-lhe outras conformes ao seu interesse dominante. Em seguida, entrega-se temerariamente e sem escrúpulos às suas prevenções insensatas.

Quase não há homens cujo julgamento seja superior a suas paixões. É pois necessário tomar muito cuidado, quando se quer fazer-se estimar, para não se fazer odiar, mas tentar, ao contrário, apresentar-se por aspectos agradáveis; porque os homens são inclinados a julgar do valor das coisas pelo prazer que elas lhes dão.

Existem alguns, na verdade, que a gente pode surpreender por um procedimento oposto, mostrando-se por fora mais penetrado de si mesmo do que se é por dentro; essa confiança exterior os persuade e domina. Mas há um meio mais nobre de ganhar a estima dos homens. É fazê-los desejar a nossa por um mérito verdadeiro e, em seguida, ser modesto e acomodar-se a eles; quando se tem realmente as qualidades que conquistam a estima das pessoas, basta torná-las populares para conciliar-lhes o amor; e quando o amor as adota, aumenta-lhes o apreço. Mas quanto às gentilezazinhas que se utilizam com vistas a surpreender e conservar os sufrágios, esperar os outros, valorizar-se, despertar mediante friezas estudadas ou amizades negaceadas o gosto inconstante do público, isso é o recurso dos homens superficiais que temem ser aprofundados; deve-se deixar para eles essas misérias de que têm necessidade com seu mérito especioso.

Mas estamos demorando demais nas coisas; tentemos abreviar esses princípios por definições curtas.

O desejo é uma espécie de desconforto que o gosto pelo bem-estar coloca em nós, e a inquietação é um desejo sem objeto.

O tédio vem do sentimento de nosso vazio; a preguiça nasce da impotência; o langor é um testemunho de nossa fraqueza, e a tristeza, de nossa miséria.

A esperança é um sentimento de um bem próximo; e a gratidão, o de um benefício.

A saudade consiste num sentimento de perda; o arrependimento, no de uma falha; o remorso, no de um crime e no temor do castigo.

A timidez pode ser o temor da censura; a vergonha é a convicção dela.

O escárnio nasce de um desprezo contente.

A surpresa é uma comoção súbita à vista de uma novidade.

O pasmo é uma surpresa longa e opressiva; a admiração, uma surpresa cheia de respeito.

A maioria desses sentimentos não são muito compósitos e não afetam de modo tão durável a nossa alma quanto as grandes paixões: o amor, a ambição, a avareza etc. O pouco que acabei de dizer a respeito deles lançará uma espécie de luz sobre aqueles de que me reservo falar noutra parte.

Do amor dos objetos sensíveis

Seria impertinente dizer que o amor das coisas sensíveis, como a harmonia, os sabores etc., não passa de um efeito do amor-próprio, do desejo de nos engrandecer etc. Entretanto, todas essas coisas às vezes se misturam a ele; existem músicos, pintores que só gostam, cada um na sua arte, da expressão das grandezas, e que cultivam os seus talentos apenas para a glória; assim acontece também com uma infinidade de outros.

Os homens a quem os sentidos dominam não são, em geral, tão sujeitos a paixões sérias; a ambição, o amor da glória etc. Os objetos sensíveis os distraem e os amolecem, e se possuem as outras paixões, não as possuem com a mesma intensidade.

Pode-se dizer a mesma coisa dos homens joviais porque, tendo uma maneira de existir bastante feliz, não procuram outra coisa com ardor. Coisas demais os distraem e os preocupam.

Poder-se-ia entrar, a esse respeito e sobre todos os assuntos de que já tratei, em pormenores interessantes. Mas meu objetivo não é sair dos princípios, por mais que venham acompanhados de aridez; eles são o objeto único de todo o meu discurso; e não tenho nem a vontade nem o poder de dar maior aplicação a esta obra.

Das paixões em geral

As paixões se opõem às paixões, e podem servir de contrapeso umas às outras; mas a paixão dominante não se pode conduzir senão pelo seu próprio interesse, real ou imaginário, porque ela reina despoticamente sobre a vontade, sem a qual nada se pode.

Contemplo humanamente as coisas, e acrescento nesse espírito: nem todo alimento é próprio para todos os corpos; nem todos os objetos são suficientes para tocar determinadas almas. Quem acredita serem os homens árbitros soberanos de seus sentimentos não conhece a natureza; consiga-se que um surdo se divirta com os sons encantadores de Murer[6], peça-se a uma jogadora, que está jogando uma grande partida, que tenha a complacência e a sabedoria de se enfadar durante ela, nenhuma arte pode fazê-lo.

Os sábios se enganam ainda oferecendo a paz às paixões: as paixões são inimigas dela. Eles elogiam a moderação para aqueles que nasceram para a ação e para uma vida agitada; que importa para um homem doente a delicadeza de um festim que lhe repugna.

Nós não conhecemos os defeitos de nossa alma; mas ainda que pudéssemos conhecê-los, raramente haveríamos de querer vencê-los.

....

6. Tratar-se-ia de Jean-Joseph Mouret (1682-1738), músico originário da Provença, muito célebre no seu tempo, compositor da Comédia Italiana e diretor do Concerto Espiritual, que trabalhou para a ópera e foi cognominado "o músico das graças"?

Nossas paixões não são distintas de nós mesmos; algumas delas são todo o fundamento e toda a substância da nossa alma. O mais fraco dos seres iria querer perecer para se ver substituído pelo mais sábio? Dêem-me um espírito mais justo, mais amável, mais penetrante, aceito com alegria todos esses dons; mas se me tiram também a alma que deve desfrutar dele, esses presentes nada mais são para mim.

Isso não dispensa ninguém de combater seus hábitos e não deve inspirar aos homens nem abatimento nem tristeza. Deus pode tudo: a virtude sincera não abandona seus amantes; os próprios vícios de um homem bem nascido podem passar a contribuir para a sua glória.

Fim do segundo livro

LIVRO III

Do bem e do mal moral

Aquilo que não é bem nem mal senão para um particular, e que pode ser o contrário disso com relação ao resto dos homens, não pode ser visto em geral como um mal ou como um bem.

A fim de que uma coisa seja vista como um bem por toda a sociedade, é necessário que ela tenda ao benefício de toda a sociedade; e a fim de que seja vista como um mal, é necessário que ela tenda à sua ruína: eis aí a grande característica do bem e do mal moral.

Sendo os homens imperfeitos, não puderam bastar-se a si mesmos: daí a necessidade de formarem sociedades. Quem diz sociedade, diz um corpo que subsiste pela união de diversos membros, e confunde o interesse particular no interesse geral; aí está o fundamento de toda a moral.

Mas, porque o bem comum exige grandes sacrifícios e não pode se espalhar igualmente sobre todos os homens, a religião, que conserta os vícios das coisas humanas, garante indenizações dignas de inveja àqueles que nos parecem lesados.

Todavia, não sendo esses motivos respeitáveis bastante poderosos para colocar um freio à cupidez dos homens, foi preciso que, de comum acordo, elaborassem certas regras para o bem público, fundamentado, para a vergonha do gênero humano, no temor odioso dos suplícios; e essa é a origem das leis.

Nascemos, crescemos à sombra dessas convenções solenes; devemos-lhes a segurança de nossa vida e a tranqüilidade que a acompanha. As leis são também o único título de nossas posses; desde a aurora da nossa vida, recolhemos seus doces frutos e comprometemo-nos com elas pelos mais fortes laços. Quem quer que pretenda subtrair-se à sua autoridade, da qual tudo lhe vem, não pode achar injusto que ela lhe arrebate tudo, até a vida. Onde estaria a razão para que um particular ousasse sacrificar tantos outros a si só, sem que a sociedade pudesse resgatar o sossego público pela ruína desse indivíduo?

É um vão pretexto dizer que não se é obrigado por leis que favorecem a desigualdade das fortunas. Podem elas igualar os homens, a indústria, o espírito, os talentos? Podem elas impedir os depositários da autoridade de usar das mesmas segundo a sua fraqueza?

Nessa impotência absoluta de impedir a desigualdade das condições, fixam os direitos de cada uma e as protegem.

Supõe-se, aliás, com certa razão, que o coração dos homens se forma condicionado a elas. O lavrador tem muitas vezes no trabalho de suas mãos a paz e a saciedade que escapam ao orgulho dos grandes. Estes não têm menos desejos do que os homens mais abjetos; têm portanto as mesmas necessidades: aí está, na desigualdade, uma espécie de igualdade.

Assim, supõe-se hoje serem todas as condições iguais, ou necessariamente desiguais. Numa e noutra suposição, a eqüidade consiste em manter invariavelmente os seus direitos recíprocos, e é esse o objetivo das leis.

Felizes os que as sabem respeitar como elas merecem ser. Mais feliz quem carrega em seu coração as de uma boa índole. É fácil ver que quero falar das virtudes. Sua nobreza e excelência são o objeto de todo este discurso: mas achei que era preciso primeiro estabelecer uma regra segura para distingui-las bem do vício. Encontrei-a sem dificuldade no bem e no mal moral; tê-la-ia procurado em vão numa origem menos ampla. Dizer simplesmente que a virtude é virtude, porque é fundamentalmente boa, e o vício é exatamente o contrário; isso não é dá-los a conhecer. A força e a beleza são também grandes bens; a velhice e a doença, males reais: no entanto, nunca ninguém disse que fossem vício ou virtude. A palavra virtude carrega a idéia de algo estimável com relação a toda a terra: o vício, ao contrário. Ora, só há o bem e o mal moral que carregam essas grandes características. A preferência do interesse geral ao pessoal é a única definição digna da virtude e que deve fixar-lhe a idéia. Ao contrário, o sacrifício mercenário da felicidade pública ao interesse próprio é o selo eterno do vício.

Uma vez assim estabelecidas e suficientemente discernidas essas diversas características, podemos ainda distinguir as virtudes naturais das adquiridas. Chamo de virtudes naturais as virtudes de temperamento. As outras são frutos penosos da reflexão. Em geral temos estas últimas no mais alto apreço porque nos custam mais. Estimamos que são mais nossas, porque elas são o efeito de nossa frágil razão. Digo: não é a razão mesma mais que um dom da natureza, como a boa índole? A boa índole exclui a razão? Não seria antes a sua base? E se uma pode nos desviar, seria a outra mais infalível?

Apresso-me, a fim de chegar a uma questão mais séria. Pergunta-se[1] se a maioria dos vícios não concorre para o bem público, como as mais puras virtudes. Quem faria florescer o comércio sem a vaidade, a avareza etc. Em certo sentido isso é bem verdade; mas hão de me conceder também que o bem produzido pelo vício vem sempre acompanhado de grandes males. São as leis que obstam o progresso de suas desordens; e é a razão, a virtude que o subjugam, que o mantêm em certos limites, e o tornam útil ao mundo.

Na verdade, a virtude não satisfaz sem reserva a todas as nossas paixões. Mas, se não tivéssemos nenhum vício, não teríamos essas paixões para satisfazer, e faríamos por dever o que fazemos por ambição, por orgulho, por avareza etc. É pois ridículo não perceber que é o vício que nos impede de sermos felizes pela virtude. Se ela é tão insuficiente para fazer a felicidade dos homens, é porque os homens são viciosos; e os vícios, se vão para o bem, é que estão mesclados de virtudes, de paciência, de temperança, de coragem etc. Um povo que só tivesse vícios por quinhão correria infalivelmente para sua ruína.

Quando o vício quer proporcionar um grande benefício ao mundo, para surpreender a admiração, age como a virtude, porque ela é o verdadeiro meio, o meio natural do bem; mas aquele bem que o vício opera não é nem seu objeto, nem seu escopo. Não é para tão belo termo que tendem os seus disfarces. Assim, o cará-

....

1. Mandeville, particularmente em *Fábula das abelhas*, ou Montesquieu.

ter distintivo da virtude subsiste; assim, nada o pode apagar.

Que pretendem então os homens[2] que confundem todas essas coisas, ou negam sua realidade? Quem os impede de ver que existem qualidades que tendem naturalmente para o bem do mundo, e outras para sua destruição? Esses primeiros sentimentos elevados, corajosos, benfazejos para todo o universo, e por conseqüência estimáveis em relação a toda a terra, eis o que chamo de virtude. E essas odiosas paixões, tendentes à ruína dos homens, e por conseqüência criminosas para com o gênero humano, é a isso que chamo vícios. Que entendem eles por esses nomes? Escapa-lhes essa diferença clara entre o fraco e o forte, o falso e o verdadeiro, o justo e o injusto etc.? Mas a luz não é mais perceptível. Pensam acaso que a irreligião que alardeiam pode aniquilar a virtude? Mas tudo lhes mostra o contrário. Que imaginam então? O que lhes perturba a mente? O que lhes esconde que eles próprios têm, entre as suas fraquezas, sentimentos de virtude?

Existe um homem tão insensato a ponto de duvidar de que a saúde seja preferível às doenças? Não, não há no mundo homem assim. Encontra-se alguém que confunda a sabedoria com a loucura? Não, seguramente ninguém. Não se vê ninguém tampouco que prefira o erro à verdade; ninguém que não sinta que a coragem difere do temor, e a inveja da bondade. Não se vê menos cla-

....

2. É possível que Vauvenargues esteja protestando contra o cinismo de Mandeville, que pense também neste capítulo nas teses de Hobbes, de que ele condena, com o Padre Buffier e Crouzaz, citado adiante, o pessimismo que professam com relação aos valores, pensadores de inspiração materialista tanto quanto moralistas jansenizantes.

ramente que a humanidade vale mais do que a desumanidade, que ela é mais amável, mais útil e, conseqüentemente, mais estimável; e no entanto... Ó fraqueza do espírito humano! Não há contradição de que os homens não sejam capazes uma vez que querem aprofundar.

Não é o cúmulo da extravagância que se queira discutir em teoria se a coragem vale mais do que o medo? Concorda-se que ela nos dá sobre os homens e sobre nós mesmos um domínio natural. Não se nega tampouco que o poder contém uma idéia de grandeza, e que ele é útil. Sabe-se também que o medo é um testemunho de fraqueza; concorda-se que a fraqueza é muito prejudicial, que lança os homens na dependência, e que prova assim a sua pequenez. Como se pode então encontrar espíritos bastante avariados para colocar em pé de igualdade duas coisas tão desiguais?

Que se entende por um grande gênio? Um espírito que tem grandes vistas, poderoso, fecundo, eloqüente etc. E por uma grande fortuna? Um estado independente, cômodo, elevado, glorioso. Ninguém discute pois o fato de existirem grandes gênios e grandes fortunas. As características de suas vantagens estão muito bem delineadas. As de uma alma virtuosa são menos perceptíveis? Quem pode fazer-nos confundi-las? A partir de que fundamentos se ousa equiparar o bem e o mal? Seria do fato de se supor que nossos vícios e nossas virtudes são efeitos necessários de nosso temperamento? Mas as doenças, a saúde não são também efeitos necessários da mesma causa? Alguém as confunde por acaso, e algum dia se disse que se tratava de quimeras, que não havia saúde, nem doenças? Pensa-se que tudo que é necessário não tem qualquer mérito? Mas é uma necessidade em Deus ser ele todo poderoso, eterno. O poder e a eternidade são iguais ao nada? Deixam de ser atributos perfeitos? Quê! Porque a vida e a morte são em nós estados de necessidade não passam de uma mesma coisa, e indiferente aos humanos? Mas talvez as virtudes que pintei como sacrifícios de nosso interesse próprio ao interesse público não sejam mais do que um puro efeito do amor de nós mesmos. Talvez só façamos o bem porque o nosso prazer se encontra nesse sacrifício. Estranha objeção! Porque me comprazo no uso de minha virtude, será ela menos profícua, menos preciosa para todo o universo, ou menos diferente do vício, que é a ruína do gênero humano? O bem que me agrada muda de natureza? Deixa de ser bem?

Os oráculos da piedade, continuam nossos adversários[3], condenam essa complacência. Caberia aos que negam a virtude combatê-la pela religião que a estabelece? Saibam eles que um Deus bom e justo não pode reprovar o prazer que ele mesmo relaciona com o ato de fazer o bem. Negar-nos-ia ele esse encanto que acompanha o amor do bem? Ele próprio nos ordena amar a virtude e sabe melhor do que nós que é contraditório amar uma coisa sem se comprazer nela. Se ele rejeita então a nossa virtude, é quando nos apropriamos dos dons que sua mão nos proporciona, quando fixamos os nossos pensamentos na posse de suas graças, sem ir até o princípio delas; quando não reconhecemos o braço que espalha sobre nós os benefícios etc.

....

3. "Nossos adversários", vindo depois de "espíritos bastante avariados", parece visar agostinianos radicais naqueles que se propõem como "oráculos da piedade".

Uma verdade se oferece a mim. Aqueles que negam a realidade das virtudes são forçados a não admitir vícios. Ousariam eles dizer que o homem não é corrompido e mau? Todavia, se só houvesse doentes, saberíamos o que é a saúde?

Da grandeza de alma

Depois do que dissemos, creio não ser necessário provar que a grandeza de alma é algo tão real quanto a saúde etc. É difícil não sentir num homem que domina a fortuna e que, por meios poderosos, chega a fins elevados, que subjuga os outros homens por sua atividade, por sua paciência ou por conselhos profundos; digo que é difícil não sentir num gênio dessa ordem uma nobre realidade.

A grandeza de alma é um instinto elevado, que leva os homens ao grande, seja de que natureza for; mas que os faz voltar-se para o bem ou para o mal, segundo suas paixões, suas luzes, sua educação, sua fortuna etc. Igual a tudo que existe sobre a terra de mais elevado, ora procura, por toda sorte de esforços ou artifícios, submeter a ela as coisas humanas, ora, desdenhando essas coisas, ela própria se submete a elas, sem que sua submissão a rebaixe: plena de sua própria grandeza, repousa em segredo sobre ela, contente de se possuir. Como é bela quando a virtude dirige todos os seus movimentos; mas como é perigosa quando se subtrai à regra! Imaginai Catilina[4] acima de todos os preconceitos de seu nascimen-

....
4. Adversário de Cícero. Salústio escreveu a biografia desse conspirador célebre, cuja energia Vauvenargues admira.

to, meditando mudar a face da terra e aniquilar o nome romano: concebei esse gênio audacioso, ameaçando o mundo do seio de seus prazeres e formando com uma tropa de voluptuosos e de ladrões um corpo temido pelos exércitos e pela sabedoria de Roma. Como um homem dessa índole teria levado longe a virtude se se tivesse orientado para o bem; mas circunstâncias adversas o empurram para o crime. Catilina tinha nascido com um amor ardente pelos prazeres, a que a severidade das leis azedava e constrangia; sua dissipação e sua intemperança o envolveram pouco a pouco em projetos criminosos: arruinado, desacreditado, hostilizado, encontrou-se num estado em que lhe era mais fácil destruir a República do que governá-la. Assim, os homens são muitas vezes levados ao crime por encontros fatais ou por sua situação: assim, sua virtude depende de sua sina. Que faltava a César a não ser ter nascido soberano? Era bom, magnânimo, generoso, atirado, clemente; ninguém mais do que ele era capaz de governar o mundo e torná-lo feliz: se tivesse tido fortuna igual a seu gênio, sua vida teria sido sem mácula; mas porque tinha colocado a si mesmo no trono pela força, acreditou-se incluí-lo com justiça entre os tiranos.

Isso faz perceber que há dois vícios que não excluem as grandes qualidades e, conseqüentemente, grandes qualidades que se afastam da virtude. Reconheço dolorosamente esta verdade: é triste que nem sempre a bondade acompanhe a força e que o amor e a justiça não prevaleçam necessariamente em todos os homens e em todo o curso de suas vidas, sobre qualquer outro amor; mas não apenas os grandes homens se deixam arrastar pelo vício, também os virtuosos se desmentem e são inconstantes no bem. Entretanto, o que é são é são, o que é forte é forte etc. As desigualdades da virtude, as fraquezas que a acompanham, os vícios que empanam as mais belas vidas, esses defeitos inseparáveis da nossa natureza, tão manifestamente mesclada de grandeza e de pequenez, não destroem as suas perfeições: aqueles que querem que os homens sejam inteiramente bons ou inteiramente maus, absolutamente grandes ou pequenos, não conhecem a natureza. Tudo é misturado nos homens, tudo neles é limitado; e o próprio vício tem limites.

Da coragem

A verdadeira coragem é uma das qualidades que supõem a maior grandeza de alma. Observo várias espécies dela: uma coragem contra a fortuna, que é filosofia; uma coragem contra as misérias, que é paciência; uma coragem na guerra, que é bravura; uma coragem nos empreendimentos, que é arrojo; uma coragem altiva e temerária, que é audácia; uma coragem contra a injustiça, que é firmeza; uma coragem contra o vício, que é severidade; uma coragem de reflexão, de temperamento etc.

Não é comum que um mesmo homem reúna tantas qualidades. Otávio, no plano de sua fortuna, elevado sobre precipícios, enfrentava perigos eminentes; mas a morte, presente na guerra, abalava sua alma. Um número incalculável de romanos que nunca tinham temido a morte nas batalhas não possuía essa outra coragem que submeteu a terra a Augusto.

Não apenas se encontram muitas espécies de coragem, mas na mesma coragem muitas desigualdades. Bruto, que teve a ousadia de atacar a fortuna de César, não teve a força de seguir a sua própria: havia feito o projeto de destruir a tirania apenas com os recursos de sua coragem, e teve a fraqueza de abandoná-lo com todas as forças do povo romano, por falta desse equilíbrio de força e de sentimento que sobrepuja os obstáculos e a lentidão dos sucessos.

Eu quisera percorrer assim pormenorizadamente todas as qualidades humanas: um trabalho tão longo não pode agora me prender. Terminarei este texto com curtas definições.

Observemos entretanto ainda que a pequenez é a fonte de um número inacreditável de vícios; da inconstância, da leviandade, da vaidade, da inveja, da avareza, da baixeza etc., ela reduz o nosso espírito tanto quanto a grandeza de alma o expande; mas é infelizmente inseparável da humanidade, e não existe alma, por mais forte que seja, que esteja totalmente livre dela. Prossigo em meu intento.

A probidade é um apego a todas as virtudes civis.

A retidão é um hábito das sendas da virtude.

A eqüidade pode definir-se pelo amor da igualdade; a integridade parece uma eqüidade sem mácula, e a justiça, uma eqüidade prática.

A nobreza é a preferência da honra ao interesse; a baixeza, a preferência do interesse à honra.

O interesse é o fim do amor-próprio; a generosidade é seu sacrifício.

A maldade supõe gostar de fazer o mal; a malignidade, uma maldade escondida; o negrume, uma malignidade profunda.

A insensibilidade à vista das misérias pode chamar-se dureza; se nela entrar prazer, é crueldade. A sinceridade me parece a expressão da verdade; a franqueza, uma sinceridade sem véus; a candura, uma sinceridade suave; a ingenuidade, uma sinceridade inocente; a inocência, uma pureza sem mácula.

A impostura é a máscara da verdade; a falsidade, uma impostura natural; a dissimulação, uma impostura pensada; a trapaça, uma impostura que pretende prejudicar; a duplicidade, uma impostura que tem duas faces.

A liberalidade é um ramo da generosidade; a bondade, um gosto de fazer o bem e de perdoar o mal; a clemência, uma bondade para com os inimigos.

A simplicidade nos apresenta a imagem da verdade e da liberdade.

A afetação é a exteriorização do constrangimento e da mentira; a fidelidade não é senão respeito pelos compromissos; a infidelidade, uma derrogação; a perfídia, uma infidelidade encoberta e criminosa.

A boa-fé, uma fidelidade sem desconfiança nem artifício.

A força de espírito é o triunfo da reflexão; é um instinto superior às paixões, que as acalma ou as possui; não se pode saber de um homem que não possui as paixões ardentes se possui força de espírito; ele nunca esteve a braços com provações bastante difíceis.

A moderação é o estado de uma alma que é dona de si; nasce de uma espécie de comedimento nos desejos e de satisfação nos pensamentos, que dispõe para as virtudes civis.

A imoderação, ao contrário, é um ardor inalterável e sem delicadeza que conduz, às vezes, a grandes vícios.

A temperança não é senão uma moderação nos prazeres, e a intemperança, o contrário.

O humor é uma desigualdade que dispõe à impaciência; a complacência é uma vontade flexível; a doçura, um fundo de complacência e de bondade.

A brutalidade, uma disposição para a cólera e para a grosseria; a irresolução, uma timidez para empreender; a incerteza, uma irresolução em acreditar; a perplexidade, uma irresolução inquieta.

A prudência, uma previdência razoável; a imprudência, totalmente o contrário.

A atividade nasce de uma força inquieta; a preguiça, de uma impotência tranqüila.

A languidez é uma preguiça voluptuosa.

A austeridade é ódio dos prazeres, e a severidade, dos vícios.

A solidez, uma consistência e uma igualdade de espírito; a leviandade, uma falta de embasamento e de uniformidade de paixões ou de idéias.

A constância, uma firmeza razoável nos sentimentos; a teimosia, uma firmeza desarrazoada; o pudor, um sentimento da disformidade do vício e do desprezo conseqüente.

A sabedoria, o conhecimento e a afeição do verdadeiro bem; a humildade, um sentimento de nossa baixeza diante de Deus; a caridade, um zelo de religião pelo próximo; a graça, um impulso sobrenatural para o bem.

Do bom e do belo

O termo bom carrega algum grau natural de perfeição; o termo belo, algum grau de brilho ou de agrado. Encontramos a ambos reunidos na virtude, porque a sua bondade nos agrada e a sua beleza nos serve; mas, a respeito de um remédio que ofende os nossos sentidos, e de qualquer outra coisa que nos seja útil mas desagradável, não dizemos que é bela, mas apenas boa; o mesmo acontece com as coisas que são belas sem serem úteis.

Crousaz[5] diz que o belo nasce da variedade redutível à unidade; quer dizer, de um composto que entretanto não constitui senão um único todo, e que se pode captar em só uma vista; aí está, segundo ele, o que excita a idéia de belo no espírito.

Fim da primeira parte

....

5. Jean-Pierre de Crousaz, filósofo e matemático suíço, tem entre suas obras principais uma *Lógica* (1712) e um *Exame do pirronismo antigo e moderno* (1733), que certamente chamou a atenção de Vauvenargues. Em seu *Tratado da beleza* (1715), ele indica, de fato, que o que agrada ao espírito humano, o que é julgado belo, é a "variedade", é a "diversidade" que "se reduz à uniformidade" (cap. III, parágr. II, pp. 12-14).

II
ENSAIOS DE MORAL
E DE FILOSOFIA

Discursos sobre a glória
Endereçados a um amigo

Primeiro discurso

É sem dúvida uma coisa bastante estranha, meu amável amigo, que, para excitar os homens à glória, se esteja antes obrigado a lhes provar suas vantagens. Essa forte e nobre paixão, essa fonte antiga e fecunda das virtudes humanas, que tirou o mundo da barbárie e levou as artes à perfeição, agora só é vista como um erro imprudente e uma brilhante loucura. Os homens se cansaram da virtude; e, não mais querendo que os perturbem na sua depravação e languidez, queixam-se de que a glória se dê ao crime ousado e feliz, e nunca ornamente o mérito. Nesse ponto, laboram em erro; e, como quer que se mostre a eles, o vício não obtém homenagem real. Se Cromwell não tivesse sido prudente, firme, laborioso, liberal, tanto quanto era ambicioso e buliçoso, nem a glória nem a fortuna lhe teriam coroado os projetos; pois não foi a esses defeitos que os homens se renderam, mas à superioridade de seu gênio e à força inevitável de suas precauções. Despidos dessas qualidades positivas, seus crimes não teriam apenas sepultado sua glória, mas também sua grandeza.

Não é então a glória que se deve menosprezar, é a vaidade e a fraqueza; é aquele que menospreza a glória para viver com honra na infâmia.

Na hora da morte, dizem, de que serve a glória? Respondo: de que serve a fortuna? De que vale a beleza? Os prazeres e a virtude mesmo não terminam junto com a vida? A morte arrebata-nos as honras, os tesouros, as alegrias, as delícias e nada nos acompanha ao túmulo. Mas daí o que é que ousamos concluir? Em que fundamentamos os nossos discursos? O tempo em que não mais existiremos é acaso nosso objeto? Que importa para a felicidade da vida aquilo que pensamos na morte? Que podem, para suavizar a morte, a luxúria, a intemperança ou a obscuridade da vida?

Persuadimo-nos falsamente de que não se pode, ao mesmo tempo, agir e desfrutar, trabalhar para a glória sempre incerta e possuir o presente nesse trabalho. Pergunto eu: quem deve desfrutar: o indolente ou o laborioso? O fraco ou o forte? E a ociosidade, desfruta?

A ação faz sentir o presente; o amor da glória aproxima e dispõe melhor o porvir; ele torna agradável o nosso trabalho que a nossa condição faz necessário. Depois de ter como que parido o mérito de nossos belos dias, ele cobre com um véu honroso as perdas da idade avançada: o homem sobrevive a si mesmo e a glória, que só vem depois da virtude, subsiste depois dela.

Acaso hesitaríamos, meu amigo? E seria para nós mais útil ser desprezados do que estimados, preguiçosos do que ativos, vãos e amolecidos do que ambiciosos? Se a glória pode nos enganar, o mérito não o pode; e se ele não ajuda nossa fortuna*, sustenta nossa adversidade. Mas

----

* O autor usa com freqüência a palavra "fortuna", ora no sentido de sorte, êxito, destino, fado, sina, ora no sentido de riqueza, abastança. (N. do T.)

por que separar coisas que a própria razão uniu? Por que distinguir a verdadeira glória do mérito de que ela é a prova?

Aqueles que fingem desprezar a glória para entregar toda a sua estima à virtude priva a mesma virtude de sua recompensa e de seu firme sustentáculo. Os homens são fracos, tímidos, preguiçosos, levianos, inconstantes no bem; os mais virtuosos se desmentem: se lhes tiram a esperança da glória, esse motivo possante, que força os sustentará contra as promessas do vício, contra as leviandades da natureza, contra as promessas da ociosidade? Nesse combate tão duvidoso da atividade contra a preguiça, do prazer contra a razão, da liberdade contra o dever, quem fará pender a balança? Quem levará o espírito a esses nobres esforços em que a virtude, superior a si mesma, transpõe os limites mortais de seu curto vôo, e com asa forte e ligeira escapa de suas amarras?

Vejo o que vos desanima, meu caríssimo amigo. Quando um homem passa dos quarenta anos, talvez vos pareça já velho; vedes os herdeiros contando seus anos e achando que ele está demais no mundo. Dizeis: dentro de vinte anos, eu mesmo estarei bem próximo dessa idade que parece caduca para a juventude; não desfrutarei mais de seus olhares e de seu amável convívio; de que me serviriam esses talentos e essa glória que encontram tantas vicissitudes e obstáculos quase invencíveis? As doenças, a morte, minhas falhas, as falhas dos outros, romperão de repente as minhas medidas... E esperaríeis então da moleza, sob esses vãos pretextos, aquilo que desesperais obter da virtude? O que o mérito e a glória não podem dar, vós o buscais na vergonha? Se vos oferecessem o prazer pela devassidão, a tranqüilidade pelo vício, aceitaríeis?

Um homem que diz: os talentos, a glória, custam demasiados cuidados, quero viver em paz se puder, comparo-o a quem fizesse o projeto de passar a vida na cama, num longo e gracioso sono. Ó insensato! Por que quereis morrer vivo? Vosso erro em todos os sentidos é grande: quanto mais ficardes na cama, menos dormireis; o repouso, a paz, o prazer, são prêmios somente do trabalho.

Tendes um erro mais suave, meu amável amigo; ousarei também combatê-lo? A natureza parece ter-vos feito para os prazeres tanto quanto para a glória; vós os inspirais, eles vos tocam, carregais os seus ferros. Como vos pouparian em tão viva juventude se tentam até a razão e experiência da idade avançada? Mas os experimentais sem desconfiança e sem tédio? Meu fascinante amigo, lamento-vos: embora a vida vos esteja em plena flor, sabeis tudo que prometem e o pouco que cumprem sempre. Para mim, não me cabe dar-lhe nenhuma lição; mas não ignorais quão grande é o desgosto que segue a mais cara volúpia, que indolência ela inspira, que esquecimento profundo dos deveres, que frívolos cuidados, que temores, que distrações insensatas.

Ela apaga a memória nos sábios, torna árido o espírito, enruga a juventude, adianta a morte; as fluxões, os vapores, a gota, quase todas as doenças atormentam os homens de tantas maneiras, que os tolhem em suas esperanças, enganam em seus projetos, e lhes trazem, em plena força da idade, as enfermidades da velhice, eis os efeitos dos prazeres. E renunciaríeis, caro amigo, a todas as virtudes que vos esperam, à vossa fortuna, à gloria? Não, por certo, a volúpia jamais tomará esse império sobre uma alma como a vossa, embora lhe empresteis vós mesmo tão fortes armas.

Mas que outro atrativo, que temor poderia desviar-vos de satisfazer a vossos sábios pendores? Seriam esses preconceitos bizarros de alguns loucos que nem sequer são sinceros e gostariam de vos passar o seu ridículo, eles que se vangloriam de ter a pele suave, e de ditar o tom a algumas mulheres? Se ficam despercebidos num jantar, vão dormir com mágoa mortal; e não ousaríeis, aos olhos deles, ter uma ambição mais razoável? Essas pessoas são tão amáveis, digo mais, são tão felizes que deveríeis preferi-los a outros homens e tomar por leis as suas extravagâncias?

Escutaríeis também aqueles que fazem consistir o bom senso em seguir o costume, em se estabelecer, em cuidar sub-repticiamente de interesses vis? Tudo que é ousadia, generosidade, grandeza de gênio, eles podem até conceber: e no entanto não desprezam sinceramente a glória; eles a vinculam a seus erros.

Vêem-se alguns, dentre estes últimos, que combatem pela religião o que há de melhor na natureza, e que rejeitam depois a própria religião, ou como uma lei impraticável ou como uma bela ficção e uma invenção política.

Ponham-se pois de acordo, se puderem. Estão eles sob a lei da graça? Que os seus costumes o mostrem; seguem ainda a natureza? Não rejeitem aquilo que a pode elevar e manter no bem.

Admito que a glória nos engane, os talentos que ela nos fará cultivar, os sentimentos com que nos cumulará a alma repararão certamente esse erro. Que importa se poucos dos que correm a mesma carreira a completem, se colhem tão nobres flores no caminho, se, até na adversidade, a sua consciência fica mais forte e mais segura do que a dos felizes do vício!

Pratiquemos a virtude; isso é tudo. A glória, meu caríssimo amigo, longe de vos prejudicar, elevará tão alto os vossos sentimentos que aprendereis com a mesma a passar sem ela, se os homens vo-la recusam: porque quem é grande pelo coração, poderoso pelo espírito, tem os melhores bens; e aqueles a quem essas coisas faltam não saberão carregar dignamente nem uma nem outra fortuna.

Segundo discurso

Visto que desejais, meu caro amigo, que vos fale ainda da glória, e que vos explique melhor os meus sentimentos, vou tentar satisfazê-lo, e justificar minhas opiniões sem paixão, se puder, para não disfarçar nem exagerar a verdade, que vos é tão cara, e que tornais tão amável.

Concordarei, de início, que nem todos os homens nasceram, como dizeis, para os grandes talentos; e não creio que se possa olhar isso como uma desgraça, pois que é necessário conservar todas as condições, e as artes mais necessárias não são as mais engenhosas, nem as mais prestigiadas. Mas o que importa, creio, é que reina em todos esses estados uma glória adequada ao mérito que eles solicitam. É o amor dessa glória que os aperfeiçoa, que torna os homens de todas as condições mais virtuosos, e que faz florescer os impérios, como a experiência de todos os séculos o demonstra.

Essa glória, inferior à dos talentos mais elevados, não é menos justamente fundamentada; porque aquilo que é bom em si mesmo não pode ser anulado por aquilo que é melhor; o que é estimável pode perder a nossa estima, mas não pode sofrer decesso em seu ser; isso é visível.

Se existe então algum erro a esse respeito entre os homens, é quando procuram uma glória superior aos seus talentos, uma glória, por conseguinte, que engana seus desejos e os faz negligenciar aquilo que realmente lhes cabe por natureza; que mantém, no entanto, o seu espírito acima de sua condição e os salva talvez de numerosas fraquezas. Não podeis cair, meu caro amigo, em semelhante ilusão; mas esse temor tão modesto, tão tocante, é uma virtude por demais estimável num homem de vosso mérito e de vossa idade.

Não se pode tampouco deixar de estimar o que dizeis a respeito da brevidade da vida; eu achava que tinha prevenido a esse respeito tudo que me podiam opor de razoável; não censuro entretanto os vossos sentimentos. Com tamanha juventude, quando os outros homens estão tão inebriados de vaidades e aparências do mundo, é sem dúvida uma prova, meu amável amigo, da elevação de vossa alma, quando a vida humana vos parece demasiado curta para merecer nossas atenções: o desprezo que concebeis de suas promessas dá testemunho de que sois superior a todos os seus dons. Mas já que, apesar desse mérito que vos exalta, estais contudo limitado a esse espaço que desprezais, cabe à vossa virtude exercer-se nesse campo estreito; e, visto ser-vos recusado ampliar-lhe os limites, deveis adornar-lhe o conteúdo. Não sendo assim, de que vos serviriam tantas virtudes e tanto gênio? Não seria dar azo para se duvidar deles?

Vede como viveram os homens que tiveram a alma elevada como vós; permitis-me fazer-vos esse elogio, que vos impõe o dever de seguir-lhes as virtudes quando o desprezo das coisas humanas os sustentava ou em suas perdas, ou nos erros, ou nos entraves inevitáveis da vida, cobriam-se com elas como com um escudo que enganava os dardos da fortuna; mas quando esse mesmo desprezo se transformava em preguiça e em langor, quando em vez de levá-los ao trabalho aconselhava-lhes a moleza, então repeliam tão perigosa tentação, e se excitavam pela glória, que é dada à virtude menos como recompensa do que como sustentáculo. Imitai nisso, caro amigo, aqueles a quem admirais em todo o resto. Que desejais senão o bem e a perfeição da alma? Mas como o desprezo da glória vos inspiraria o gosto pela virtude se ele mesmo vos faz ter desgosto pela vida? Quando concebeis esse desgosto senão na adversidade, e quando desesperais de algum modo de vós mesmo? Quem não tem coragem, ao contrário, quando a glória vem bafejá-lo? Quem não fica mais cioso de agir bem?

Como somos insensatos! Tememos sempre ser vítimas de um logro, ou da atividade, ou da glória, ou da virtude! Mas o que faz mais vítimas verdadeiras do que o esquecimento dessas mesmas coisas? Quem faz promessas mais enganosas do que a ociosidade?

Quando estais de guarda à beira de um rio, onde a chuva apaga todos os fogos durante a noite e penetra em vossas roupas, dizeis: feliz de quem pode dormir debaixo de uma cabana afastada, longe do barulho das águas! Chega o dia, as sombras se dissipam, e os guardas estão de pé; voltais para o acampamento; o cansaço e o barulho vos mergulham num doce sono e acordais mais sereno para tomar uma refeição deliciosa, ao contrário de um moço nascido para a virtude, que a ternura de uma mãe retém dentro das muralhas de uma cidade fortificada: enquanto seus camaradas dormem sob a lona e enfrentam as vicissitudes, este, que não corre nenhum risco, que não faz nada, a quem nada falta, não desfruta nem da abundância, nem da calma desse lugar; no seio do repouso, ele está inquieto e agitado; procura os lugares solitários; as festas, os jogos, os espetáculos não o atraem; o pensamento do que está acontecendo na Morávia[1] ocupa-lhe os dias e, durante a noite, sonha com os combates e com as batalhas que se travam sem ele. Que pretendo dizer com essas imagens? Que a verdadeira virtude não pode repousar nos prazeres, nem na abundância, nem na inação; que é verdade que a atividade tem os seus dissabores e perigos, mas que esses inconvenientes, momentâneos no trabalho, multiplicam-se na ociosidade, em que um espírito ardente se consome a si mesmo e se importuna. E se isso é verdade em geral para todos os homens, é ainda mais particularmente para vós, caro amigo, que nascestes tão visivelmente para a virtude e que não podeis ser feliz por outras vias, de tanto que vos são próprias as do bem.

Mas mesmo que estivésseis menos seguro de possuir esses talentos admiráveis que forçam a glória, afinal de contas, meu amável amigo, quereríeis negligenciar o cultivo desses mesmos talentos? Digo mais: se fosse duvidoso ser a glória um grande bem, renunciaríeis aos seus encantos? Por que então buscar pretextos para justificar momentos de preguiça e de ansiedade? Se fosse preciso provar que a glória não é um erro, não estais mesmo disposto a abandoná-la, e tendes muita razão, pois não há

....
1. Vauvenargues fez a campanha da Morávia depois da tomada de Praga em 1741-1742.

verdade mais doce e mais amável. Procedei pois como pensais e, sem vos preocupar com o que podem dizer sobre a glória, cultivai-a, meu caro amigo, sem desconfiança, sem fraqueza e sem vaidade.

Teria sido muita audácia, meu amável amigo, falar do desprezo da glória diante dos romanos[2], do tempo dos Cipiões e dos Gracos; um homem que lhes tivesse dito que a glória não passava de uma loucura não seria sequer ouvido, e esse povo audacioso o teria desprezado como um sofista que desviasse os homens da própria virtude, atacando a mais forte e nobre de suas paixões. Tal filósofo não teria tido mais seguidores em Atenas ou na Lacedemônia: teria ele ousado dizer que a glória era uma quimera enquanto ela dava, entre esses povos, altíssima consideração, e era tão disseminada e tão comum que se tornava necessária e quase um dever? Quanto mais virtudes têm os homens, mais têm direito à glória; quanto mais perto ela está deles, mais a amam, mais a desejam, mais sentem sua realidade; mas quando a virtude degenera, quando falta o talento, ou a força, quando a leviandade e a moleza dominam as outras paixões, então só se vê a glória muito longe de si; nem mesmo se ousa prometê-la a si mesmo, nem cultivá-la, e finalmente os homens se acostumam a considerá-la como um sonho. Pouco a pouco se chega ao ponto em que é até ridículo falar sobre ela. Assim como em Roma as pessoas teriam zombado de um orador que exortasse os Silas e os Pompeus ao desprezo da glória, rir-se-ia hoje de um filó-

....

2. Vauvenargues traz aqui exemplos clássicos tirados da história da Grécia e de Roma: ele pode ter-se inspirado em Plutarco, como, depois dele, fará Jean-Jacques Rousseau.

sofo que encorajasse os franceses a pensar tão grandemente quanto os romanos, e a imitar suas virtudes. Também não é minha intenção retificar nossas idéias sobre isso e mudar os costumes da nação; mas porque creio que a natureza sempre produz alguns homens que são superiores ao espírito e aos preconceitos de seu século, confio, meu amável amigo, nos sentimentos que vos conheço e quero falar-vos da glória como poderia falar a um ateniense do tempo de Temístocles e de Sócrates.

Discurso sobre os prazeres
Endereçado ao mesmo amigo

Sois por demais severo, meu amável amigo, ao pretender que não se possa, escrevendo, reparar os erros da própria conduta e contradizer mesmo os seus próprios discursos. Seria uma grande servidão se sempre se fosse obrigado a escrever como se fala, ou a fazer como se escreve. É preciso permitir aos homens serem um pouco inconseqüentes, a fim de poderem voltar à razão que abandonaram e à virtude quando a tiverem traído. Escreve-se todo o bem que se pensa, e faz-se todo aquele que se pode; e quando se fala da virtude ou da glória, deixa-se levar pelo assunto sem se lembrar da própria fraqueza; isso é muito razoável. Gostaríeis de que se fizesse de outra forma, e de que não se tentasse ter sabedoria pelo menos nos escritos, quando ainda não se pode tê-la nas ações? Zombais dos que falam contra os prazeres e lhes pedis que sejam coerentes consigo mesmos a respeito disso, isto é, quereis que se retratem e que vos abandonem toda a sua moral. Para mim, não me cabe contrariar-vos e defender convosco uma virtude austera de que sou pouco digno. Aceito conceder-vos, sem conseqüência, que os prazeres não são totalmente inconciliáveis com a virtude e com a glória: viram-se, por vezes, grandes almas que souberam aliar uns e outras, e conduzir juntas essas coisas tão pouco compatíveis para os outros homens. Mas, se devo falar-vos sem bajulação, confessarei, meu amigo, que os prazeres desses grandes homens não me parecem assemelhar-se em nada ao que se honra com esse nome na sociedade mundana. Sabeis como eu que vida leva a maioria dos jovens, quais são seus tristes divertimentos e suas ocupações ridículas, que quase nunca buscam o que é amável ou o que eles amam, mas o que os outros julgam assim; há os que, vivendo em *boa companhia*, acreditam ter-se divertido num jantar onde não se ousaria falar com confiança, nem calar-se, nem ser razoável; os que correm três espetáculos no mesmo dia sem entender nenhum; os que só falam por falar e só lêem para ter lido; os que baniram a amizade e a estima não somente das sociedades formais, mas até do convívio mais familiar; os que fazem alarde de possuir uma mulher a quem não amam e que achariam ridículo que uma inclinação viesse a ligar a suas volúpias um novo encanto. Tento compreender todos esses gostos estranhos que eles buscam com tanto cuidado fora da natureza, e vejo que a vaidade constitui o fundo de todos os prazeres e de todo o comércio do mundo.

O frívolo espírito deste século é a causa dessa fraqueza. A frivolidade, meu amigo, aniquila os homens que a ela se apegam; talvez não haja vício que não se deva preferir a ela, pois ainda é melhor ser vicioso do que não ser[1]. O nada está abaixo do tudo, o nada é o maior dos vícios; e que não me diga que é ser alguma coisa o ser frívolo: é não ser nem para a virtude, nem

----

1. "Ser" está usado aqui no sentido de "existir".

para a glória, nem para a razão, nem para os prazeres apaixonados. Direis talvez: gosto mais de um homem nulo para qualquer virtude do que daquele que só existe para o vício. Eu vos responderei: aquele que é nulo para a virtude não está por isso livre dos vícios; ele pratica o mal por leviandade e por fraqueza; ele é o instrumento dos maus que têm mais gênio. Ele é menos perigoso do que um homem mau seriamente empenhado no mal, isso é possível; mas será necessário ser grato ao gavião por ele só destruir os insetos e por ele não destruir os rebanhos e os campos como os leões e as águias? Um homem corajoso e dotado de sabedoria não teme um homem mau; mas não pode impedir-se de desprezar um homem frívolo.

Amai pois, meu amável amigo, segui os prazeres que vos procuram e que a razão, a natureza e as graças fizeram para vós. Ainda uma vez, não cabe a mim vo-los proibir; mas não acrediteis que se encontre satisfação solida na ociosidade, na folia, na fraqueza e na afetação.

Discurso sobre o caráter dos diferentes séculos

Por mais limitadas que sejam nossas luzes sobre as ciências, acredito que não se pode discutir o fato de que as levamos além dos limites antigos. Herdeiros dos séculos que nos precedem, devemos ser mais ricos de bens do espírito. Isso não pode absolutamente ser-nos contestado sem injustiça. Mas estaríamos nós próprios enganados se confundíssemos essa riqueza de empréstimo com o gênio que a dá. Quantos desses conhecimentos que prezamos tanto são estéreis para nós! Estranhos em nosso espírito onde não tiveram origem, acontece muitas vezes que eles confundem o nosso juízo muito mais do que o esclarecem. Arcamos sob o peso de tantas idéias, como aqueles estados que sucumbem por excesso de conquistas, onde a prosperidade e as riquezas corrompem os costumes e onde a virtude fica sepultada debaixo de sua própria glória.

Falarei como penso? Por mais luzes que se venha ainda a adquirir, e seja qual for o século em que se possa estar, creio que se verá sempre entre os homens aquilo que se vê nas mais poderosas monarquias, quero dizer que a grande maioria dos espíritos será aí, como é em todos os impérios, a melhor parte dos homens.

Na verdade, não mais se acreditará em feiticeiros nem no sabá em um século como o nosso; mas se acreditará ainda em Calvino e em Lutero. Falar-se-á de muitas coisas como se elas fossem evidentemente conhecidas, e se discutirá ao mesmo tempo sobre todas as coisas, como se todas fossem incertas. Censurar-se-á um homem por seus vícios e não se saberá se existem vícios. Dir-se-á de um poeta que é sublime, porque terá pintado uma grande personagem; e esses sentimentos heróicos que fazem a grandeza do quadro serão desprezados no original. Não se dará mais valor aos versos de Colletet[1], mas se criticará os de Racine, e se lhe recusará claramente que seja poeta; desprezar-se-ão os romances, mas não se lerá outra coisa. O efeito de uma grande multiplicidade de idéias é arrastar para contradições os espíritos fracos. O efeito da ciência é abalar a certeza e confundir os princípios mais manifestos.

Ficamos entretanto admirados com os erros de nossos antepassados e, se temos de provar a fraqueza da razão humana, é sempre na antiguidade que vamos buscar exemplos. Que gente simples, dizemos nós, esses egípcios que adoraram couves e cebolas! Para mim, não vejo que essas superstições provem mais do que outras coisas a pequenez do espírito humano. Se eu tivesse tido a infelicidade de nascer num país onde me ensinassem que a divindade gosta de repousar nas tulipas, onde me tivessem dito que isso era um mistério que eu não entendia porque não pertence a um homem julgar das coisas

....

1. Guillaume Colletet (1598-1659) ocupa um lugar importante na literatura do segundo quartel do século XVII, principalmente por sua produção poética e por seus escritos teóricos sobre a poesia.

sobrenaturais, nem mesmo de muitas coisas naturais; onde me tivessem garantido que todos os meus ancestrais, que eram pelo menos tão esclarecidos quanto eu, haviam-se submetido a essa doutrina, que ela tinha sido confirmada por prodígios e que eu corria o risco de perder tudo se recusasse acreditar nela; supondo que, por outro lado, eu não tivesse conhecido uma religião mais sublime, como a que Deus manifestava aos olhos dos judeus; seja razão, seja timidez sobre um interesse capital, seja conhecimento de minha própria fraqueza, sinto que teria cedido à autoridade de todo um povo, à do governo, ao testemunho sucessivo de vários séculos e à instrução de meus pais. Assim, não fico surpreso com o fato de que tamanhas superstições tenham adquirido alguma autoridade. Nada há que o temor e a esperança não persuadam aos homens, principalmente nas coisas que ultrapassam o alcance de seu espírito e que interessam a seu coração[2].

Que se tenha acreditado ainda nos séculos de ignorância na impossibilidade dos antípodas, ou em tal outra opinião que se recebe sem exame, ou que não se tenha meios de examinar, isso não me espanta de maneira alguma; mas que todos os dias, sobre as coisas que nos são mais familiares e que já examinamos ao máximo, tomemos entretanto uma coisa pela outra, que não possamos ter uma hora de conversação um pouco seguida sem nos enganar ou nos contradizer, eis em que reconheço a nossa fraqueza. Um homem com algum bom senso que

---

2. A reflexão sobre a história das idéias, do gosto e dos costumes desenvolvida neste parágrafo e na continuação do discurso é familiar aos escritores e filósofos do século XVIII.

quisesse escrever em fichas tudo que ouve dizer no dia de errado e de absurdo nunca iria dormir sem as ter preenchido.

Procuro às vezes entre o povo a imagem daqueles costumes grosseiros que temos tanta dificuldade em compreender nos povos antigos. Escuto esses homens tão simples: vejo que eles conversam sobre coisas comuns, que não têm princípios aprofundados, que o espírito deles é realmente bárbaro como o de nossos avós, isto é, inculto e sem polimento. Mas não acho que nesse estado eles façam raciocínios mais falsos do que as pessoas da sociedade; vejo, ao contrário, que os seus pensamentos são mais naturais e falta muito para que as simplicidades da ignorância estejam tão afastadas da verdade quanto as subtilezas da ciência e a impostura da afetação.

Assim, julgando os costumes antigos pelo que vejo dos costumes do povo, que me representa os primeiros tempos, creio que me daria muito bem morando em Tebas, em Mênfis, em Babilônia. Eu dispensaria nossas manufaturas, a pólvora de canhão, a bússola e as outras invenções modernas, assim como nossa filosofia. Não tenho mais estima pelos holandeses por terem um comércio tão extenso do que desprezo pelos romanos por tê-lo negligenciado por tanto tempo. Sei que é bom ter navios, visto que o rei da Inglaterra os tem, e que, estando acostumados a tomar café e chocolate como estamos, seria lastimável perder o comércio das ilhas. Mas Xenofonte não desfrutou dessas delicadezas e nem por isso ele me parece menos feliz, nem menos homem de bem, nem menos grande homem. Que direi ainda? A felicidade de ter nascido cristão e católico não pode ser comparada a nenhum outro bem; mas se me fosse preciso ser *quaker* ou monotelita[3], gostaria quase tanto quanto do culto dos chineses ou dos antigos romanos.

Se a barbárie consistisse unicamente na ignorância, certamente as nações mais polidas da antiguidade seriam extremamente bárbaras comparadas a nós; mas se a corrupção da arte, se o abuso das regras, se as conseqüências mal tiradas dos bons princípios, se as falsas aplicações, se a incerteza das opiniões, se a afetação, se a vaidade, se os costumes frívolos não merecem menos esse nome do que a ignorância, o que é então a polidez de que nos gabamos?

Não é a pura natureza que é bárbara, é tudo que se afasta demais da bela natureza e da razão. As cabanas dos primeiros homens não provam que não tivessem bom gosto: provam apenas que lhes faltavam as regras da arquitetura. Mas quando se veio a conhecer essas belas regras de que falo, e, em vez de segui-las exatamente, se quis ir além de sua nobreza, carregar os edifícios de ornamentos supérfluos, e, a força de arte, fazer desaparecer a simplicidade, então foi, no meu entender, uma verdadeira barbárie e a prova do mau gosto. Segundo esses princípios, os deuses e os heróis de Homero, pintados ingenuamente pelo poeta de acordo com as idéias de seu século, não fazem com que a *Ilíada* seja um poema bárbaro, pois ela é um quadro apaixonado, senão da bela natureza, pelo menos da natureza; mas uma obra verdadeiramente bárbara é um poema em que só se percebe arte, em que o verdadeiro nunca reina nas expres-

....

3. O *quaker* pertence a uma seita fundada por George Fox: Voltaire descreve suas práticas religiosas e seus costumes no início das *Cartas filosóficas*. O monoteísmo é uma heresia cristã condenada pelo concílio de Constantinopla em 681.

sões e nas imagens, em que os sentimentos são guindados, em que os ornamentos são supérfluos e estão fora de lugar.

Vejo grandes filósofos que querem fechar os olhos sobre esses defeitos e que passam a olhar primeiro o que há de estranho nos costumes antigos. Imolar, dizem, homens à divindade! derramar sangue humano para honrar os funerais dos grandes! etc. Não pretendo justificar tais horrores, mas digo: que são para nós esses homens que vejo deitados em nossos palácios e nos degraus dos templos, esses espectros vivos da fome que a dor e as doenças precipitam para o túmulo? Homens mergulhados nas superfluidades e nas delícias vêem tranqüilamente perecerem outros homens que a calamidade e a miséria levam embora na flor da idade. Isso parece menos feroz? E qual merece mais o nome de barbárie, um sacrifício ímpio feito pela ignorância ou uma desumanidade cometida a sangue-frio e com inteiro conhecimento?

Por que dissimularia aqui o que penso? Sei que temos conhecimentos que os antigos não possuíam. Somos melhores filósofos sob muitos aspectos; mas no que diz respeito aos sentimentos, confesso que não conheço nenhum povo antigo que nos seja inferior. É desse lado, creio, que se pode mesmo dizer que é difícil para os homens elevar-se acima do instinto da natureza. Ela fez as nossas almas tão grandes quanto elas podem se tornar, e a elevação que elas encontram na reflexão é em geral tanto mais falsa quanto mais guindada. Tudo aquilo que só depende da alma não recebe nenhum acréscimo pelas luzes do espírito e, porque o gosto se prende a ela, vejo que em vão se aperfeiçoam os nossos conhecimentos: *instrui-se o nosso juízo, não se eleva o nosso gosto*. Represente-se *Pourceaugnac* no Teatro de Comédia, ou outra farsa com alguma comicidade, ela não atrairá público menor do que *Andrômaca*: as gargalhadas da platéia encantada serão ouvidas até na rua. Apresentem-se pantomimas suportáveis na Feira, elas deixarão deserto o Teatro de Comédia; vi os nossos almofadinhas e os nossos filósofos subirem nos bancos para ver espancar dois moleques. Não se perde um gesto de Arlequim, e Pierrô faz rir este século sábio que se pavaneia de tanta polidez. O povo nasceu em todos os tempos para admirar as grandes coisas e para adorar as pequenas; o seu gosto não pôde acompanhar os progressos da razão, porque é possível apropriar-se de juízos, de sentimentos não; de maneira que é raro um povo elevar-se no que concerne ao coração; e esse povo de que quero falar não é aquele que apenas carrega, na sua definição, condições subalternas, são todos os espíritos que a natureza não elevou, por um privilégio particular, acima da ordem comum. Assim, quando alguém vem me dizer: acreditais que os ingleses, que têm tanto espírito, aceitariam as tragédias de Shakespeare se elas fossem tão monstruosas quanto nos parecem? Não me deixo cair nesse engodo e sei o que devo acreditar a respeito.

Eis aí essa polidez e esses costumes sábios que fazem com que nos prefiramos com tanta altivez aos outros séculos. Temos, como já disse, alguns conhecimentos que lhes faltaram: é a partir desses vãos fundamentos que nos julgamos no direito de desprezá-los. Mas essas vistas mais refinadas e mais extensas que nos atribuímos, quantas ilusões não produziram entre nós? Citarei apenas um exemplo: a moda dos duelos. Seja-me permitido voltar a tocar num assunto sobre o qual muito já se escreveu. O duelo nasceu da convicção muito natural de que um homem não agüentaria injúrias de outro homem a não ser por fraqueza; mas porque a força do corpo podia dar às almas tímidas uma vantagem considerável sobre as almas fortes, para introduzir igualdade nos combates e dar-lhes por outro lado mais decência, nossos pais imaginaram bater-se com armas mais mortíferas e mais iguais do que aquelas que tinham recebido da natureza; e pareceu-lhes que um combate em que se poderia tirar a vida de um só golpe teria certamente mais nobreza do que uma briga vil em que no máximo se poderia arranhar a cara do adversário e arrancar-lhe os cabelos com as mãos. Assim, vangloriaram-se de ter colocado em seus usos mais elevação e mais elegância do que os romanos e os gregos que se batiam como seus escravos. Achavam que aquele que não se vinga de uma afronta não tem coragem nem brio; não atinavam que a natureza, que nos inspira a vingança, podia, elevando-se ainda mais alto, inspirar-nos o perdão. Esqueciam-se de que os homens são obrigados muitas vezes a sacrificar suas paixões à razão. A natureza dizia mesmo, na verdade, às almas corajosas que era preciso se vingar; mas ela não dizia que fosse sempre preciso lavar as menores ofensas no sangue humano, ou levar a vingança para além mesmo de seu sentimento. Mas, daquilo que a natureza não lhes diz, a opinião os persuadiu; a opinião ligou o último opróbrio às mais frívolas injúrias, a uma palavra, a um gesto, sofridos sem revide. Assim, o sentimento de vingança era-lhes inspirado pela natureza; mas o excesso da vingança e a necessidade absoluta de vingar-se foram obra da reflexão. Ora, quantos usos não existem hoje ainda aos quais honramos com o nome de polidez e que não passam de sentimentos da natureza levados pela opinião para além de seus limites, contra todas as luzes da razão!

Não me acusem aqui daquele humor rabugento que faz ter saudade do passado, criticar o presente e aviltar, por vaidade, a natureza humana. Ao criticar os defeitos deste século, não pretendo disputar-lhe as verdadeiras vantagens, nem chamá-lo de volta à ignorância de que se livrou. Quero, ao contrário, ensinar-lhe a julgar os séculos passados com aquela indulgência que os homens, sejam eles como forem, devem sempre ter pelos outros homens, e da qual eles próprios têm sempre necessidade. Não é minha intenção mostrar que tudo é fraco na natureza humana ao colocar à mostra os vícios deste século. Quero, ao contrário, desculpando os defeitos dos primeiros tempos, mostrar que sempre houve, no espírito dos homens, uma força e uma grandeza independentes da moda e dos socorros da arte. Estou bem longe de me juntar àqueles filósofos[4] que desprezam tudo no gênero humano, e buscam para si essa glória miserável de nunca mostrar senão suas fraquezas. Quem não tem provas dessa fraqueza de que falam, e o que pensam eles estar nos ensinando? Por que querem eles desviar-nos da virtude insinuando que somos incapazes de praticá-la? E eu, digo-lhes que somos capazes, pois, quando falo de virtude, não falo daquelas qualidades imaginárias que não pertencem à natureza humana: falo dessa força e dessa grandeza da alma que, comparadas aos sentimentos dos espíritos fracos, merecem os nomes que lhes dou; pois

....

4. Vauvenargues pensa particularmente em La Rochefoucauld cujo pessimismo radical ele condenou.

nada há de grande entre os homens, a não ser por comparação. Assim, quando se diz uma árvore alta, não se quer dizer outra coisa senão que ela é alta com relação às outras árvores menos elevadas, ou com relação aos nossos olhos e ao nosso próprio tamanho. Toda língua não é senão a expressão dessas relações; e todo o espírito do mundo não consiste senão em conhecê-las bem. Que querem dizer então aqueles filósofos? São homens e não falam linguagem humana; trocam todas as idéias das coisas e abusam de todos os termos.

Um homem que resolvesse fazer um livro para provar que não existem anões, nem gigantes, baseado em que a mais extrema pequenez de uns e a mais desmedida grandeza de outros permaneceriam, de alguma maneira, confundidas a nossos próprios olhos se as comparássemos à distância da Terra até os astros; não diríamos de um homem que se desse muito trabalho para estabelecer essa verdade que é um pedante que embaralha inutilmente todas as nossas idéias e que não nos ensina nada que já não saibamos? Da mesma forma, se eu dissesse ao meu criado que me trouxesse um pãozinho e este me respondesse: Meu senhor, não existe nenhum grande; se eu lhe pedisse um copo grande de chá e ele me trouxesse uma conchinha, dizendo que não existe copo grande; se encomendasse do meu alfaiate uma roupa um pouco larga e, trazendo-me uma bem apertada, me garantisse que não existe nada largo sobre a terra e que o próprio mundo é estreito... tenho vergonha de escrever tamanhas tolices, mas me parece ser mais ou menos o raciocínio de nossos filósofos. Perguntamos-lhes sobre o caminho da sabedoria, e eles nos dizem que só existe a loucura; quiséramos ser instruídos sobre as características que distinguem a virtude do vício, e respondem que nos homens nada existe senão depravação e fraqueza. Os homens não devem inebriar-se com suas vantagens, mas tampouco devem ignorá-las. É preciso que conheçam suas fraquezas para que não presumam demais de sua coragem; mas é preciso ao mesmo tempo que se reconheçam capazes de virtude a fim de que não desesperem de si mesmos. É esse o objetivo que nos propusemos neste discurso, e que se buscará nunca perder de vista.

Reflexões sobre o caráter dos diferentes séculos

Herdamos conhecimentos e invenções de todos os séculos; ficamos portanto mais ricos em bens do espírito: isso não nos pode ser contestado sem injustiça. Mas estaríamos nós próprios enganados se confundíssemos essa riqueza herdada e de empréstimo com o gênio que a dá. Quantos desses conhecimentos adquiridos são estéreis para nós! Estranhos em nosso espírito onde não tiveram origem, acontece muitas vezes que eles confundem o nosso juízo muito mais do que o esclarecem. Arcamos sob o peso de tantas idéias, como aqueles estados que sucumbem por excesso de conquistas e em que a opulência introduz novos vícios e desordens mais terríveis; porque pouca gente é capaz de fazer bom uso do espírito alheio; e sejam quais forem as luzes deste século, ou as luzes que ainda se possam adquirir, estou firmemente persuadido de que a maioria dos espíritos será sempre povo, como o é, nas mais poderosas monarquias, a melhor parte dos homens.

Na verdade, não mais se acreditará em feiticeiros nem no sabá em um século como o nosso; mas se acreditará ainda em Calvino e em Lutero. Falar-se-á de muitas coisas como se elas fossem evidentemente conhecidas, e se discutirá ao mesmo tempo por todas as coisas, como se todas fossem incertas. Censurar-se-á um homem por seus vícios e não se saberá se existem vícios. Dir-se-á de um poeta que é sublime, porque terá pintado uma grande personagem; e esses sentimentos heróicos que fazem a grandeza do quadro serão desprezados no original. O efeito das opiniões multiplicadas além das forças do espírito é produzir contradições e abalar a certeza dos melhores princípios. Os objetos apresentados sob um número excessivo de faces não se podem organizar, nem desenvolver, nem pintar distintamente na imaginação dos homens. Incapazes de conciliar todas as suas idéias, tomam os diversos lados de uma mesma coisa como contradições de sua natureza. Vários não querem comparar a opinião dos filósofos. Não examinam se na oposição de seus princípios, algum fez pender a balança para seu lado; basta que se tenham contestado todos os princípios para que os julguem igualmente problemáticos: daí o pirronismo que volta a mergulhar o espírito humano na ignorância, porque ele solapa, pela base, todas as ciências.

Não cito nossos erros para diminuir as verdadeiras vantagens de nosso século; quisera apenas que eles nos inspirassem um pouco de indulgência para com os séculos que nos precedem. Que temos para recriminar neles? A extravagância de suas religiões? Coloquemo-nos por um instante em seu lugar. Teríamos adivinhado a nossa? Não foi preciso que ela nos fosse revelada? Seria o nosso espírito capaz de produzir uma religião tão divina? Não os censuramos, respondemos, por não terem conhecido a verdadeira religião, mas por terem seguido outras falsas e ridículas. Esta recriminação é também injusta. Os homens nasceram para acreditar em deuses, para esperar o que desejam, para temer o que desconhecem, para sentir a poderosa mão que mantém todo o universo em servidão. O seu espírito cheio de curiosidade e medo sondava, tateando na noite, o segredo temível da natureza; não aprouvera ainda ao Deus verdadeiro manifestar-se a todos os povos. Figuremo-nos o estado em que estavam. Suponhamos que nos tivessem ensinado, na infância, que Mercúrio era um deus ladrão; que era um mistério inconcebível, porque não cabe aos homens julgar coisas sobrenaturais, nem mesmo muitas das coisas naturais; que nos tivessem garantido que essa doutrina havia sido confirmada por prodígios e que corríamos o risco de perder tudo se recusássemos acreditar nela: que partido teríamos podido tomar? Teríamos resistido à autoridade de todo um povo, à do governo, ao testemunho sucessivo de vários séculos e à instrução de nossos pais? Quanto a mim, confesso, para vergonha minha, a experiência de minha própria fraqueza ter-me-ia determinado a submeter-me ao erro dos outros. Teria antes acreditado em deuses ridículos do que não acreditar absolutamente em Deus. Não pode a verdade falar-nos às vezes pela imaginação ou pelo coração tanto quanto pela razão? Em qual dos dois se deve confiar mais, no espírito ou no sentimento? Qual nos induziu em maior número de erros ou nos fez descobrir mais luzes? O primeiro que fez deuses para si tinha a imaginação grande e mais ousada do que aqueles que os rejeitaram! Que invenção do espírito iguala em sublimidade essa inspiração do gênio?

Que se tenham então adotado grandes fábulas em séculos de ignorância; que o interesse, o tempo e o temor tenham enfim persuadido os homens daquilo que um gênio audacioso fazia imaginar às almas fortes; que se tenha acreditado ainda nos séculos de ignorância na impossibilidade dos antípodas, ou em tal outra opinião que se recebe sem exame, ou que não se tenha meios de examinar, isso não me espanta de maneira alguma. Mas que todos os dias, sobre as coisas que nos são mais familiares e que já examinamos ao máximo, tomemos entretanto uma coisa pela outra, que não possamos ter uma hora de conversação um pouco seguida sem nos enganar ou nos contradizer, eis em que reconheço a pequenez do espírito humano.

Procuro às vezes entre o povo a imagem daqueles costumes grosseiros que temos tanta dificuldade em compreender nos povos antigos. Escuto esses homens tão simples: vejo que eles conversam sobre coisas comuns, que não têm princípios aprofundados, que o espírito deles é realmente bárbaro como o de nossos avós, isto é, inculto e sem polimento. Mas não acho que nesse estado eles façam raciocínios mais falsos do que as pessoas da sociedade; vejo, ao contrário, que os seus pensamentos são mais naturais e falta muito para que as simplicidades da ignorância estejam tão afastadas da verdade quanto as subtilezas da ciência e a impostura da afetação.

Assim, julgando os costumes antigos pelo que vejo dos costumes do povo que me representa os primeiros tempos, creio que me daria muito bem morando em Tebas, em Mênfis, em Babilônia. Eu dispensaria nossas manufaturas, a pólvora de canhão, a bússola e as outras invenções modernas, assim como nossa filosofia. Não creio que esses povos, privados de uma parte das nossas artes e das superfluidades de nosso comércio sejam, por isso, mais dignos de pena. Xenofonte não desfrutou dessas delicadezas e nem por isso ele me parece menos feliz, nem menos homem de bem, nem menos grande homem. Que direi ainda? Estimo, reverencio, como devo, a felicidade de ser cristão e católico; mas se me fosse preciso ser *quaker* ou monotelita, gostaria quase tanto quanto do culto dos chineses ou dos antigos romanos.

Se a barbárie consistisse unicamente na ignorância, certamente as noções mais polidas da antiguidade seriam extremamente bárbaras comparadas a nós; mas se a corrupção da arte, se o abuso das regras, se as conseqüências mal tiradas dos bons princípios, se as falsas aplicações, se a incerteza das opiniões, se a afetação, se a vaidade, se os costumes frívolos não merecem menos esse nome do que a ignorância, o que é então a polidez de que nos gabamos?

Não é a pura natureza que é bárbara, é tudo que se afasta demais da bela natureza e da razão. As cabanas dos primeiros homens não provam que não tivessem bom gosto: provam apenas que lhes faltavam as regras da arquitetura. Mas quando se veio a conhecer essas belas regras de que falo, e, em vez de segui-las exatamente, se quis ir além de sua nobreza, carregar os edifícios de ornamentos supérfluos e, a força de arte, fazer desaparecer a simplicidade, então foi, no meu entender, uma verdadeira barbárie e a prova do mau gosto. Segundo esses princípios, os deuses e os heróis de Homero, pintados ingenuamente pelo poeta de acordo com as idéias de seu século, não fazem com que a *Ilíada* seja um poema bárbaro, pois ela é um quadro apaixonado, senão da bela natureza, pelo menos da natureza; mas uma obra verdadeiramente bárbara é um poema em que só se percebe arte, em que o verdadeiro nunca reina nas expressões e nas imagens, em que os sentimentos são guindados, em que os ornamentos são supérfluos e estão fora de lugar.

Cansado às vezes do artificialismo que domina hoje em todos os gêneros, enfadado com os chistes, os lances espirituosos, com as troças e com todo esse espírito que se quer colocar nas menores coisas, digo comigo mesmo: se eu pudesse encontrar um homem que não fosse espirituoso, com quem não fosse preciso sê-lo, um homem ingênuo e modesto, que falasse somente para se fazer entender e para exprimir os sentimentos de seu coração, um homem que só tivesse a razão e um pouco de naturalidade: com que ardor eu correria para descansar na sua conversa do jargão e dos epigramas do resto dos homens! Como é que acontece perder-se o gosto pela simplicidade a ponto de não mais se perceber que ele foi perdido? Não há virtudes nem prazeres que dela não retirem encantos e as suas graças mais tocantes. Existe alguma coisa de grande ou de amável quando dela a gente se afasta? Do momento que ela não é reconhecida, não é falsa a grandeza, o espírito desprezível, a razão enganadora e todos os defeitos mais hediondos?

Mas, dir-se-á, acreditais acaso que os tempos mais remotos tenham sido totalmente isentos de afetação? Não; estou muito longe de acreditar nisso. Os homens amaram as artes em todos os tempos: seu espírito sempre se vangloriou de aperfeiçoar a natureza: é a primeira pretensão da razão e a mais antiga quimera da vaidade. Confesso, pois, que nunca houve povo sem disfarce; vou ainda mais longe: predigo que enquanto os homens nascerem com um pouco de espírito e muita vontade de tê-lo, nunca conseguirão parar em sua esfera e nos limites por demais estreitos de sua naturalidade. Que vos digo então? Que o mundo nunca foi tão simples quanto o pintamos; mas me parece que este século o é muito menos do que todos os outros, porque, sendo mais rico de dons do espírito, parece caber-lhe, pelo mesmo motivo, ser mais vão e mais ambicioso.

Confessai ao menos, prosseguem, que a polidez tornou os nossos costumes menos ferozes. Sim, aparentemente, por fora; mas no interior, absolutamente não. Já o disseram, talvez, antes de mim, mas nunca é demais repeti-lo. A polidez que ameniza o espírito, endurece quase sempre o coração, porque estabelece entre os homens o reinado da arte, que enfraquece todos os sentimentos da natureza. Assim, não conheço nenhum povo antigo que nos seja inferior em humanidade, nem mesmo em nenhuma virtude que dependa do sentimento. É desse lado, creio, que se pode mesmo dizer que é difícil para os homens elevar-se acima do instinto da natureza. Ela fez as nossas almas tão grandes quanto elas podem se tornar, e a elevação que elas encontram na reflexão é em geral tanto mais falsa quanto mais guindada.

E, porque o gosto se prende a ela, vejo que em vão se aperfeiçoam os nossos conhecimentos: *instrui-se o nosso juízo, não se eleva o nosso gosto*. Represente-se *Pourceaugnac* no Teatro de Comédia, ou outra farsa com alguma comicidade, ela não atrairá público menor do que *Andrômaca*: as gargalhadas da platéia encantada serão ouvidas até na rua. Apresentem-se pantomimas suportáveis na Feira, elas deixarão deserto o Teatro de Comédia; vi todos os espectadores subirem nos bancos para ver espancar dois moleques. Não se perde um gesto de Arlequim, e Pierrô faz rir este século sábio que se pavaneia de tanta polidez. E a razão disso é que a natureza não fez os homens filósofos; o temperamento os domina, seu gosto não pode acompanhar os progressos de sua razão. Sabem admirar as grandes coisas, mas são idólatras das pequenas.

Assim, quando alguém vem me dizer: acreditais que os ingleses, que têm tanto espírito, aceitariam as tragédias de Shakespeare se elas fossem tão monstruosas quanto nos parecem? Não me deixo cair nesse engodo. Sei muito bem que um século polido pode gostar de grandes tolices, principalmente quando vêm acompanhadas de belezas sublimes, que servem de pretexto para o mau gosto.

Não nos deixemos enganar, pois, por essa grande superioridade que nos atribuímos com relação a todos os outros séculos; desconfiemos até dessa pretensa polidez dos nossos costumes; não existe povo tão bárbaro que não tenha tido a mesma pretensão. Acaso acreditamos que os nossos ancestrais tenham visto o duelo como um costume bárbaro? Longe disso. Eles achavam que um combate em que se pode tirar a vida de um só golpe teria certamente mais nobreza do que uma luta em que se poderia, no máximo, *arranhar a cara do adversário e arrancar-lhe os cabelos com as mãos*. Assim, vangloriaram-se de ter colocado em seus costumes mais elevação e elegância do que os romanos e os gregos, que se batiam como seus escravos. Sabiam por experiência que um homem não sofre uma injúria de outro homem senão por fraqueza. Portanto, concluíam, aquele que não se vinga não tem coragem nem brio. Não atinavam que era fazer uso pernicioso da coragem empregá-la, de maneira tão cruel e tão violenta, na destruição do gênero humano, com o risco da própria vida e fortuna, e isso por causa de bagatelas, por uma palavra mais dura, por um gesto feito num momento de cólera. Assim, o sentimento da vingança lhes era inspirado pela natureza; mas o excesso da vingança e a necessidade indispensável da vingança foram fruto da reflexão. Ora, quantos outros costumes não há ainda hoje, a que honramos com o nome de polidez, que não passam de sentimentos da natureza, empurrados pela opinião para além de seus limites, contra todas as luzes da razão.

Isso já basta, estou terminando. Não quero desacreditar a polidez e a ciência mais do que convém. Acrescentarei uma só palavra: é que os dois mais apreciáveis presentes do céu precederam a arte: a virtude e o prazer nasceram com a natureza. Que é o resto?

Discurso sobre os costumes do século[1]

O que há de mais difícil, quando se escreve contra os costumes, é convencer os homens da veracidade de seus desregramentos. Como nunca lhes faltaram censores a esse respeito, estão persuadidos de que as desordens que se atacam sempre foram as mesmas em todos os tempos; que são vícios ligados à natureza e, por essa razão, inevitáveis; vícios, se ousassem dizê-lo, necessários e quase inocentes.

Zomba-se de um homem que ousa acusar abusos que se acreditam tão antigos. Mesmo as pessoas de bem raramente lhe são favoráveis; e os que nasceram moderados recriminam até a veemência que se emprega contra os maus. Encerrados num círculo de amigos virtuosos, não podem persuadir-se dos excessos de que se fala, nem compreender a verdadeira miséria e rebaixamento de seu século. Contentes por não precisarem temer durante a guerra a violência do inimigo, quando tantos outros povos são vítimas desse flagelo; encantados com a bela ordem reinante em todos os estados, sentem pouca falta

----

[1]. Este fragmento de discurso, reproduzido por Gilbert e por Brière, constava entre os manuscritos do Louvre.

das virtudes que nos proporcionaram essa felicidade, de tantas grandes personagens que desapareceram, das artes que degeneram e que se aviltam. Se alguém lhes fala mesmo da glória que negligenciamos, mais frios ainda sobre isso do que sobre o resto, eles tratam sempre de quimera aquilo que se afasta de seu caráter e de seu tempo.

Minha intenção não é dissimular as vantagens deste século, nem pintá-lo como pior do que ele é. Confesso que não levamos o vício a esses extremos desvairados que a história nos deu a conhecer. Não possuímos a força desastrosa que dizem ser exigida para a prática desses excessos, fracos demais para passar da mediocridade, até no crime. Mas digo que os vícios baixos, aqueles que mais demonstram fraqueza e merecem o maior desprezo, nunca foram tão ousados, tão multiplicados, tão potentes.

Vede esses grandes senhores, tão suntuosos em seu modo de vida, mas igualmente tão pobres em virtude, sem autoridade na corte, sem consideração nas províncias, sem reputação nos exércitos, só tendo como clientes seus bajuladores e criados: muitos desfrutam no opróbrio da recompensa merecida por seus pais, como se as mais altas colocações do estado devessem ser a herança da vaidade e da moleza! O que é, no entanto, um posto que não se sabe preencher, honras que se aviltam, uma fortuna que se torna inútil para si e para os outros? Um marechal de França que ninguém ousa empregar, ou, se emprega, deixa escapar todas as oportunidades de vencer, e não evita nenhum dos erros que acarretam os maiores desastres? Um negociador eternamente enganado? Um ministro cujos erros, negligência ou prazeres fazem gemer os povos? Para que servem os grandes postos quando são preenchidos desse modo? E como fazer melhor quando nunca se aprendeu nada, ou nada se aprofundou, quando se passou a juventude no estudo das ninharias, na dissipação e nos prazeres?

Não se pode falar abertamente desses opróbrios; não se pode descobri-los todos. Que esse silêncio mesmo os dê a conhecer. Quando as doenças chegam ao ponto em que é preciso não falar delas e escondê-las do doente, é sinal de que há pouca esperança e de que o mal deve ser bem grande. Assim é o nosso estado. Os escritores, que parecem particularmente encarregados de nos repreender, tendo talvez perdido a esperança de curar os nossos erros, ou corrompidos talvez com nosso convívio e deteriorados por nossos preconceitos, esses escritores, dizia eu, incensam o vício que poderiam combater, cobrem de flores a mentira, dedicam-se a enfeitar o espírito do mundo, tão vazio em seu fundamento. Ocupados em insinuar-se no que se chama de *boa sociedade*, em persuadir de que a conhecem, de que eles próprios são o seu atrativo, tornam os seus escritos tão frívolos quanto os homens para os quais trabalham.

Não se encontrará aqui essa baixa condescendência. Meu objetivo não é incensar os vícios que estão na moda. Não temo nem a zombaria dos que não têm talento senão para ridicularizar a razão, nem o gosto depravado dos que não estimam nada que seja sólido. Digo sem rodeios e sem artifício aquilo que creio ser verdadeiro e útil. Espero que a sinceridade dos meus escritos possa abrir o coração dos jovens; e, já que os livros mais ridículos encontram leitores a quem corrompem, porque são adequados às suas mentes, seria estranho que um discurso feito para inspirar a virtude não a encorajasse, pelo menos em alguns homens que, por si mesmos, não a concebem com força suficiente.

Não é preciso ter muito conhecimento da história para saber que a barbárie e a ignorância foram o quinhão mais comum do gênero humano. Nessa longa seqüência de gerações que nos precedem, poucos foram os séculos esclarecidos e, talvez, menos ainda os virtuosos; mas isso mesmo prova que os costumes não foram sempre os mesmos, como se insinua. Nem os alemães têm a ferocidade dos germanos, nem os italianos o mérito dos antigos romanos, nem os franceses de hoje são tais como foram sob Luís XIV, embora estejamos bem próximos do seu reinado. Respondem que não fizemos outra coisa senão trocar de vícios. Se isso fosse verdade, alguém dirá que os costumes dos italianos são tão estimáveis quanto os dos antigos romanos, que lhes tinham submetido toda a terra? E o aviltamento dos gregos, escravos de um povo bárbaro[2], seria igualado à glória, aos talentos, a civilidade da antiga Atenas? Se existem vícios que tornam os povos mais felizes, mais estimados e mais temidos, não merecem eles ser preferidos a todos os outros? O que será se esses pretensos vícios, que sustentam os impérios e os fazem florescer, forem verdadeiras virtudes?

Não vou exagerar nada, se puder. Os homens nunca escaparam à miséria de sua condição. Compostos de más e boas qualidades, carregam sempre em seu íntimo as sementes do bem e do mal. O que faz prevalecer umas sobre as outras? O que faz com que o vício leve vantagem, ou a virtude? A opinião. Nossas paixões, em parte

....
2. "Povo bárbaro" designa evidentemente os turcos do Império Otomano. Vauvenargues tem, sobre esse império e sobre o lugar e o papel que nele ocupam os gregos, as idéias muito sumárias da maioria dos seus contemporâneos.

más, em parte muito boas, nos manteriam talvez na indecisão se a opinião, alinhando-se de um lado, não fizesse pender a balança. Assim, a partir do momento em que alguém puder persuadir-nos de que ser bom e justo é um engodo, então há que se temer que o vício, tornado mais forte, venha a abafar os sentimentos que nos solicitam para o bem; e esse é o estado em que estamos. Não nascemos tão fracos nem tão frívolos quanto nos recriminam, mas a opinião nos faz assim. Não se ficará então surpreso se eu emprego tantos arrazoados neste discurso, pois, já que o nosso maior mal está na mente, é necessário começar por curá-la.

Aqueles que não aprofundam muito as coisas objetam com o progresso das ciências, e o espírito de raciocínio difundido em todos os estados, a civilidade, a delicadeza, a sutileza deste século, como fatos que contradizem e que destroem o que estabeleço aqui.

Respondo que, a respeito das ciências, como são ainda muito imperfeitas, a se dar crédito aos mestres, o seu progresso não nos pode surpreender; embora talvez não haja mais homens na Europa como Descartes e Newton, isso não impede que o edifício se erga sobre alicerces já colocados. Mas quem pode ignorar que as ciências e a moral não têm nenhuma relação entre nós? E quanto à delicadeza e à civilidade que acreditamos levar tão longe, ouso dizer que transformamos em artifícios essa imitação da bela natureza que era seu objeto. Abusamos igualmente do raciocínio. Ao subtilizar sem justeza, talvez nos apartemos mais da verdade pelo saber do que jamais se fez pela ignorância.

Numa palavra, limito-me a dizer que a corrupção dos princípios é a causa da corrupção dos costumes. Para ajuizar do que estou adiantando, basta conhecer as máximas que vigoram hoje na alta sociedade e que, daí, se espalhando até o meio do povo, infectam igualmente todos os níveis sociais; essas máximas que, apresentando-nos todas as coisas como incertas, deixam-nos senhores absolutos de nossas ações; essas máximas que, aniquilando o mérito da virtude e só admitindo entre os homens as aparências, equiparam o bem e o mal; essas máximas que, aviltando a glória como a mais insensata das vaidades, justificam o interesse e a baixeza, e uma brutal indolência.

Princípios tão corrompidos acarretam infalivelmente a ruína dos grandes impérios. Porque, se se prestar atenção a essas coisas, o que é que pode tornar um povo poderoso a não ser o amor à glória? O que é que pode torná-lo feliz e temível senão a virtude? O espírito, o interesse, a finura nunca puderam substituir esses nobres motivos. Que povo é mais engenhoso e mais refinado do que os gregos na escravatura e, em certo sentido, que outro é mais aviltado?

Não é então pelo interesse, nem pela licença das opiniões ou o espírito de raciocínio que os estados florescem e se mantêm, mas pelas qualidades mesmas que nós estamos desprezando, pela estima da virtude e da glória. Não seria muito estranho que um povo frívolo, dividido com baixeza entre o interesse e os prazeres, fosse capaz de grandes coisas? E se esse mesmo povo desprezasse a glória, poderia tornar-se digno dela?

Seja-me permitido aplicar essas reflexões. Não se pode negar que a preguiça, o interesse, a dissipação sejam o que domina entre nós; e a respeito das opiniões que favorecem esses pendores vergonhosos, remeto aos que conhecem o mundo e que têm boa fé; digam eles se é erroneamente que as atribuo a nosso século. Na verdade, é difícil justificá-lo sob esse aspecto. Nunca o desprezo pela glória e a baixeza se produziram com tanta audácia; até aqueles que se gabam de dançar bem e, atribuindo assim a honra às coisas menos dignas de honra, tratam todas as grandes de loucuras; e, persuadidos de que o amor da glória está abaixo deles, são joguete de sua vaidade.

Mas será de espantar que degradem a glória, se se nega até a virtude? Não é mesmo possível encontrar a razão de um erro tao insensato; confesso que tenho dificuldade para compreender em que ele pôde ter-se fundamentado.

Discurso sobre a desigualdade das riquezas[1]

Seria difícil encontrar um assunto mais digno de nossa atenção do que esse que nos é proposto, pois que se trata de invalidar o pretexto mais plausível dos ímpios pela sabedoria mesma da Providência na distribuição desigual das riquezas, que muito os escandaliza. É necessário, ao sondar o segredo desses temíveis conselhos que fazem o destino particular e a fortuna de cada homem, abrir ao mesmo tempo aos olhos do gênero humano o espetáculo do universo sob a mão de Deus. Tema tão vasto abrange todas as condições e todos os homens; reis, súditos, estrangeiros, bárbaros, sábios, ignorantes, todos têm nele igual interesse. Ninguém pode libertar-se do jugo daquele que, do alto dos céus, comanda todos os povos da terra e mantém sob sua lei os impérios, os azares, os túmulos, a glória, a vida e a morte.

A matéria é por demais importante para já não ter sido muitas vezes tratada. Os maiores homens empenha-

....
1. Este discurso foi enviado, em 1745, à Academia Francesa para o concurso de eloqüência, que tinha proposto como tema: "A sabedoria de Deus na distribuição desigual das riquezas, segundo estas palavras: *Dives et pauper obviaverunt sibi; utriusque operator est Dominus.* (Provérbios, XXII, 2) O pobre e o rico se encontraram; o Senhor fez um e outro." Não foi premiado.

ram-se em colocá-la sob o mais belo foco, e nada lhes escapou; mas, como esquecemos prontamente até as coisas que nos importa mais reter, não será inútil recolocar diante de nossos olhos uma verdade tão sublime e tão ultrajada em nossos dias. Se não utilizamos para defendê-la nem novos arrazoados, nem novas fórmulas, ninguém fique surpreso com isso; saiba-se que a verdade é uma, que é imutável, que é eterna. Bela por sua beleza própria, rica no seu âmago, invencível, ela pode mostrar-se sempre a mesma sem perder a força ou a graça, porque não pode envelhecer nem se enfraquecer e, não tendo tomado seu ser nos fantasmas da nossa imaginação, rejeita os falsos ornamentos desta. Esforcem-se aqueles que prostituem sua voz à mentira por encobrir a fraqueza de suas invenções com as ilusões sedutoras da novidade; espalhem-se inutilmente em vãos discursos, já que só têm por escopo agradar e divertir os ouvidos curiosos. Quando se trata de persuadir a verdade, tudo o que é buscado é vão, tudo o que não é necessário é supérfluo; tudo o que para o autor distrai, carrega a memória, enfada. Animado por outro espírito, espero demonstrar em poucas palavras quanto nossos murmúrios contra a Providência são injustos, quanto mesmo ela é justa malgrado os nossos murmúrios.

Em primeiro lugar, os que se queixam da desigualdade das condições dos homens reconheçam a sua necessidade indispensável: inutilmente os antigos legisladores se esforçaram por aproximá-las; as leis não podem impedir que o gênio se eleve acima da incapacidade, a atividade acima da preguiça, a prudência acima da temeridade. Todos os expedientes que se empregaram nesse sentido foram vãos; a arte não pode igualar os homens a despeito da natureza. Se alguma aparência se encontra, na história, dessa igualdade imaginária, é entre os selvagens que viviam sem lei e sem senhores, não conheciam outro direito além da força, outros deuses além da impunidade; monstros que erravam pelas matas com os ursos e se destruíam uns aos outros em pavorosas carnificinas; iguais pelo crime, pela pobreza, pela ignorância, pela crueldade. Nenhum apoio, entre eles, para a inocência, nenhuma recompensa para a virtude, nenhum freio para a audácia. A arte do cultivo da terra, negligenciada ou ignorada por esses bárbaros que só subsistiam pela rapina, acostumados a uma vida ociosa e vagabunda; a terra estéril para seus habitantes; a razão impotente inútil: tal era o estado desses povos, tais eram os seus costumes ímpios. Nus e acossados pelas necessidades, nunca tranqüilos, cansados de sua liberdade e de suas pilhagens, do momento em que sentiram a necessidade de uma justa dependência, essa igualdade primitiva, que só era fundamentada na pobreza e na ignorância comuns, desapareceu. Mas eis o que sucedeu a ela: o sábio e o laborioso tiveram a abundância como prêmio do trabalho; a glória tornou-se o fruto da virtude; o opróbrio puniu a moleza, e a miséria puniu a indolência. Elevando-se os homens uns acima dos outros segundo seu talento, a desigualdade das fortunas introduziu-se sobre fundamentos justos; a subordinação que ela estabeleceu entre os homens estreitou seus laços mútuos e serviu para manter a ordem. Então aquele que tinha as riquezas como quinhão desenvolveu a atividade e a indústria; no tempo em que o lavrador, nascido em cabanas, fertilizava a terra por seus cuidados, o filósofo, que a natureza dotou de maior inteligência, entregou-se livremente às ciências ou aos estudos da política. Todas as artes, cultivadas simultaneamente, floresceram sobre a Terra; os diversos talentos ajudaram-se mutuamente, e a verdade dessas palavras do meu texto se manifestou: *dives et pauper obviaverunt sibi*, o pobre e o rico se encontraram: *utriusque operator est Dominus*, o Senhor fez um e outro. Foi ele quem ordenou as condições e as subordinou com sabedoria, a fim de que elas servissem, por assim dizer, de contrapeso umas às outras, e mantivessem o equilíbrio na Terra. E não creiais que sua justiça tenha colocado nessa desigualdade de fortuna uma desigualdade de felicidade: como ele não criou os homens para a Terra, mas para um fim incomparavelmente mais elevado, ele vincula às mais eminentes condições, as mais felizes na aparência, aborrecimentos secretos. Ele não quis que a tranqüilidade da alma dependesse do acaso do nascimento; fez de modo que o coração da maioria dos homens se formasse de acordo com a sua condição. O lavrador encontrou no trabalho de suas mãos a paz e a saciedade que fogem do orgulho dos grandes. Estes não têm menos desejos do que os homens mais abjetos[2]; têm portanto as mesmas necessidades.

Um erro sem dúvida bem grosseiro consiste em acreditar que a ociosidade possa tornar os homens mais felizes: a saúde, o vigor da mente, a paz do coração são os frutos tocantes do trabalho. Só uma vida laboriosa pode amortecer as paixões, cujo jugo é tão rigoroso; é ela que mantém nas cabanas o sono, fugitivo dos grandes palácios. A pobreza, contra a qual somos prevenidos, não é tal como pensamos: ela torna os homens mais temperantes, mais laboriosos, mais modestos; ela os mantém na

---

2. "Abjeto": vil, desprezível. Na época clássica, aplicava-se ao sangue, à posição, à condição (N. do T.: não nobre, sem estirpe).

inocência, sem a qual não há repouso nem felicidade real na terra.

O que é que invejamos na condição dos ricos? Eles próprios endividados na abundância pelo luxo e pelo fasto imoderados; extenuados na flor da idade por sua licenciosidade criminosa; consumidos pela ambição e pelo ciúme na medida em que estão mais elevados; vítimas orgulhosas da vaidade e da intemperança; ainda uma vez, povo cego, que lhes podemos invejar? Consideremos de longe a corte dos príncipes, onde a vaidade humana exibe aquilo que tem de mais especioso: aí encontraremos, mais do que em qualquer outro lugar, a baixeza e a servidão sob a aparência da grandeza e da glória, a indigência sob o nome da fortuna, o opróbrio sob o brilho da posição; aí veremos a natureza sufocada pela ambição, as mães separadas de seus filhos pelo amor desenfreado do mundo, os filhos esperando com impaciência a morte dos pais, os irmãos opostos aos irmãos, o amigo ao amigo: aí o interesse sórdido e a dissipação em vez dos prazeres; o despeito, o ódio, a vergonha, a vingança e o desespero sob a máscara falsa da felicidade. Onde reina tão imperativamente o vício, nunca é demais repeti-lo, não creiamos que a tranqüilidade de espírito e o prazer possam habitar. Não vos falo dos males infinitos que seguirão tão prontamente, e sem serem esperados, esses dias passageiros; não relevo a obrigação do rico para com o pobre, ao qual deve prestar contas desses bens imensos que não conseguem satisfazer uma cupidez insaciável. A necessidade inviolável da esmola iguala o pobre ao rico: se este não é senão o dispensador de seus tesouros, como ninguém pode duvidar, que condição! Se é seu usurpador infiel, que título odioso! Sei que a maioria dos ricos não vacilam na escolha; mas sei também os suplícios reservados aos seus atentados. Se eles desviam o pensamento desses castigos inevitáveis, podemos contar como um bem aquilo que leva ao cúmulo os seus males? Se lhes resta, ao contrário, algum sentimento de humanidade, por quantos remorsos, temores, perturbações secretas não são eles afligidos! Numa palavra, que sorte é a deles, se não somente seus prazeres encontram um juiz inflexível, mas até suas dores! Deixemos de lado esses tristes objetos apresentados a nossos fracos olhos tão freqüentemente e de modo tão verdadeiro; o lugar e o tempo em que falo não permitem talvez insistir sobre essas verdades. Todavia, não podem dispensar-nos de tratar cristãmente um assunto cristão; e quem quer que não perceba essa necessidade inevitável, não conhece nem mesmo as regras da verdadeira eloqüência. Penetrado desse pensamento, retomo o que constitui o objeto e o fundo de todo este discurso.

Reconhecemos a sabedoria de Deus na distribuição desigual das riquezas, que faz o escândalo dos fracos; a impotência da fortuna para a verdadeira felicidade mostrou-se por todos os lados, e nós a seguimos até o pé do trono. Levantemos agora nossos olhos; observemos a vida desses príncipes mesmos que excitam a cupidez e a inveja do restante dos homens: adoramos sua grandeza e opulência: mas vi a indigência sobre o trono[3], tal que os corações mais empedernidos ter-se-iam comovido: Não

----

3. Os comentaristas pensam geralmente em Estanislau Leczinski ou Jaime III, reis depostos da Polônia e da Inglaterra. Vauvenargues pode ter visto a corte de Estanislau em Nancy, mas as suas campanhas militares pela Europa central podem ter-lhe fornecido outros exemplos: ver adiante.

me cabe explicitar este discurso; devemos pelo menos este réspeito àqueles que são a imagem de Deus na terra. Tampouco precisamos recorrer a esses paradoxos que o povo não pode compreender; as agruras da realeza são aliás bastante manifestas. Um homem, obrigado por dever de estado a fazer a felicidade dos outros homens, a torná-los bons e submissos, a manter ao mesmo tempo a glória e a tranqüilidade da nação, quando as calamidades inseparáveis da guerra acabrunham os seus povos, quando vê seus estados atacados por um inimigo temível, quando os recursos esgotados não deixam nem mesmo a consolação da esperança, ó agruras sem limites! Que mão enxugará as lágrimas de um bom príncipe nessas circunstâncias?[4] Se ele ficar sensibilizado, como deve, por semelhantes males, que acabrunhamento! Se ficar insensível a eles, que indignidade! Que vergonha, se uma condição tão elevada não lhe inspirar a virtude! Que miséria, se a virtude não pode torná-lo mais feliz! Tudo que tem brilho exterior ofusca a nossa vaidade; idolatramos em segredo tudo aquilo que se oferece sob as aparências da glória: cegos que somos, a experiência e a razão deveriam descerrar-nos os olhos. Mesmas enfermidades, mesmas fraquezas, mesma fragilidade se fazem notar em todos os estados; mesma sujeição à morte, que põe um termo tão breve e tão temível às grandezas humanas. Se fosse pre-

....

4. Trata-se de uma descrição patética da situação do rei da França diante da coalizão da Inglaterra, da Áustria, da Saxe, do Piemonte, da Sardenha. A atitude do rei da Prússia, Frederico II, aproximando-se da França em 1744, parecia colocar Luís XV em posição favorável para negociar; mas o conflito foi mantido pela política francamente antiaustríaca do marquês de Argenson, responsável pelos negócios estrangeiros, e dos dirigentes franceses.

ciso dar um exemplo mais contundente dessas verdades, a Baviera e a França em luto no-lo forneceriam. Ousaria eu propô-lo, e permitir-me-iam essa digressão? Um príncipe elevara-se até o primeiro trono do mundo pela proteção de um rei poderoso; a Europa, invejosa da glória de seu benfeitor[5], formava conspirações contra ele; todos os povos estavam de ouvidos atentos e esperavam as circunstâncias para tomar partido. Já a melhor parte da Europa estava em armas, suas mais belas províncias devastadas; a morte havia destruído em um breve momento os exércitos mais temíveis; triunfantes sob suas ruínas, eles renasciam das próprias cinzas; novos soldados se alistavam em massa sob as bandeiras vitoriosas: esperávamos tudo de seu número, de seu chefe e de sua coragem. Esperança falaciosa! Este espetáculo impunha-se a nós. Aquele por quem havíamos empreendido tantas coisas chegava ao seu termo; a morte invisível assediava o seu trono; a terra o chama para o seu centro; atingido de repente sob a púrpura, ele desce às sombrias moradas onde

....

5. Luís XV havia favorecido a eleição de Carlos Alberto da Baviera como imperador da Alemanha sob o nome de Carlos VII. Ora, este morre aos quarenta e oito anos, em janeiro de 1745 e, apesar da oposição da França, Francisco, grão-duque da Toscana e esposo de Maria Teresa, será eleito imperador sob o nome de Francisco I, em setembro de 1745. Vauvenargues ignora este último fracasso quando escreve, mas a expressão "nossas bandeiras vitoriosas" dá a entender que ele está a par da vitória de Fontenoy, obtida no dia 11 de maio de 1745 pelo exército francês e por seu comandante Maurício de Saxe sobre os anglo-holandeses apoiados por contingentes austríacos. Ao redigir seu discurso, Vauvenargues não esquece que participou, sob as ordens do Marechal de Belle-Isle, ardente partidário da política antiaustríaca, da campanha que permitiu a Carlos Alberto da Baviera ir a Praga fazer-se reconhecer como rei da Boêmia antes de ser eleito imperador no dia 24 de janeiro de 1742.

a morte iguala para sempre o pobre e o rico, o fraco e o forte, o prudente e o temerário; os seus bravos soldados, que haviam perdido a luz sob suas insígnias, rodeiam-no, tomados de medo: *Ó sábio imperador, sois vós? Combatemos até o último suspiro para a vossa glória; teríamos dado mil vidas para tornar vossos dias mais tranqüilos. Como! tão logo vos juntais a nós! como! A morte ousou interromper vossos vastos desígnios!* Ah! É agora que as palavras de Salomão desvelam o seu pleno sentido! O pobre e o rico se encontraram, o súdito e o soberano; mas essas distinções entre súdito e soberano haviam desaparecido e não passavam de nomes. Ó nada das grandezas humanas! Ó fragilidade da vida! São essas as vantagens vãs pelas quais, sempre prevenidos, nós nos consumimos em trabalhos? São esses os objetos de nossos anseios, de nossos ciúmes e de nossos murmúrios audaciosos contra a Providência? Logo que nossos desejos injustos encontram obstáculos, logo que nossa ambição insaciável não é satisfeita, logo que sofremos qualquer coisa pelas doenças – justa conseqüência de nossos excessos –, logo que nossas esperanças ridículas são ludibriadas, logo que nosso orgulho é ferido, ousamos acusar de todos esses males, reais ou imaginários, essa Providência adorável de quem recebemos todos os nossos bens. Que digo, acusar? Quantos homens, por uma cegueira que causa horror, levam a impiedade e a audácia ao ponto de negar a sua existência! A terra e os céus a confessam; o universo carrega por toda parte a sua marca augusta; mas esses sinais, esses grandes testemunhos não podem tocar o espírito deles. Inutilmente ecoa em seus ouvidos a maravilha das obras de Deus: a ordem permanente das estações, princípio fecundo das riquezas que a terra gera; as noites a suceder regularmente aos dias para convidar o homem ao repouso; os astros a percorrer os céus num terrificante silêncio, sem embaraçar-se em seu curso; tantos corpos tão possantes e tão impetuosos encadeados sob a mesma lei; o universo eternamente submetido à mesma regra; esse espetáculo escapa-lhes aos olhos doentes e preocupados. Assim, não será por sua pompa que lhes combaterei os erros: quero convencê-los pelo que se passa sobre esta mesma terra que lhes encanta os sentidos, a que se limitam todos os seus pensamentos e desejos. Apresentar-lhes-ei as maravilhas sensíveis que eles idolatram; todos os homens, todos os estados, todas as artes encadeadas umas às outras e concorrendo igualmente para a manutenção da sociedade; a justiça manifesta de Deus em sua conduta impenetrável; o pobre aliviado, sem o saber, pela privação dos bens mesmos que lamenta não ter; o rico agitado, atravessado, dispersado na posse dos tesouros que acumula, punido de seu orgulho por seu orgulho, castigado do mau uso das riquezas pelo abuso mesmo que delas ousa fazer; o pobre e o rico igualmente descontentes com seu estado e, por conseguinte, igualmente injustos e cegos, pois eles têm inveja um do outro e se crêem reciprocamente felizes; o pobre e o rico forçados por sua própria condição a se ajudarem, em que pese a inveja de uns e o orgulho de outros; o pobre e o rico igualados enfim pela morte e pelos juízos de Deus.

Se há misérias na terra que merecem ser excetuadas, porque parecem sem compensação, acaso provam elas mais a injustiça da Providência, que dá tão liberalmente aos ricos os meios de as minorar, do que o endurecimento daqueles mesmos que as usam como argumento contra ela? Grandes do mundo, que luxo é esse que vos acompanha e vos cerca? Que suntuosidade é essa que reina em vossos edifícios e em vossas refeições licenciosas? Que profusão! Que audácia! Que fasto insensato! No entanto o pobre, esfomeado, nu, doente, cumulado de injúrias, repousa na porta dos templos onde vela o Deus das vinganças; aquele homem, que tem uma alma como vós, que tem um mesmo Deus convosco, mesmo culto, mesma pátria, e sem dúvida mais virtude, desfalece diante de vossos olhos, coberto de opróbrios; a dor e a fome intolerável abreviam seus dias; os males que o têm assediado desde a infância o precipitam no túmulo, na flor de sua vida. Ó dor! Ó ignomínia! Ó inversão da natureza corrompida! Vamos lançar sobre a Providência esses escândalos que estamos inutilmente encarregados de reparar, e que a Providência vinga tão rigorosamente depois da vida! Concluiríamos de maneira diferente se tais desordens ficassem sem vingança, se os meios de preveni-las nos tivessem sido recusados, se a obrigação de fazê-lo fosse menos manifesta e menos expressa?

Violadores da lei de Deus, usurpadores do depósito que nos é confiado, não nos contentamos com entregarnos à nossa dureza, à nossa cupidez, à nossa avareza: queremos ainda que Deus seja o autor desses excessos; e, quando nos fazem ver que ele não pode sê-lo, porque isso destruiria a sua perfeição, obcecados pelo que deveria nos esclarecer, encorajados pelo que nos devia confundir, tornados mais ousados, talvez, pela impunidade de nossas desordens, concluímos então que esse Ser supremo não se imiscui na conduta do universo e que ele abandonou o gênero humano a seus caprichos. Ah! Se fosse verdade, se os homens não dependessem senão de si mesmos, se não houvesse recompensas para os bons e castigos para o crime, se tudo se limitasse à terra, que condição lamentável! Onde ficaria a consolação do pobre, que vê seus filhos em prantos ao seu redor, e não pode prover suas necessidades por um trabalho contínuo, nem dobrar o destino inexorável? Que mão acalmaria o coração do rico, agitado de remorsos e de inquietações, confundido em seus vãos projetos e em suas esperanças audaciosas? Em todos os estados da vida, se nos fosse preciso esperar nossas consolações dos homens, entre os quais mesmo os melhores são tão inconstante e tão frívolos, tão sujeitos a descuidar dos amigos na calamidade, ó triste abandono! Deus clemente, Deus vingador dos fracos, não sou nem aquele pobre abandonado que perece sem socorro humano, nem o rico a quem a posse mesma das riquezas perturba e embaraça; nascido na mediocridade, cujas vias talvez não sejam menos rudes, cumulado de aflições na força da minha idade, ó meu Deus! Se vós não fôsseis, ou se não fôsseis a meu favor; sozinha e abandonada em seus males, em que a minha alma haveria de esperar? Seria na vida, que me escapa e me conduz ao túmulo pelas aflições? Seria na morte, que aniquilaria, com a vida, todo o meu ser? Nem a vida nem a morte, igualmente a temer, poderiam amenizar o meu sofrimento; o desespero sem limites seria o meu quinhão... Extravio-me, e meu fraco espírito sai dos limites que prescreveu para si. Vós que dispensais a eloqüência como todos os outros talentos, vós que mandais esses pensamentos e essas expressões que persuadem, bem sabeis que vossa sabedoria e vossa infinita providência são o objeto de todo este discurso: é o nobre assunto que nos é proposto pelos mestres da palavra; e que outro poderia ser mais próprio para inspirar dignamente? Todavia, quem pode tratá-lo com a extensão que merece? Eu não ouso entregar-me a todos os sentimentos que ele excita no fundo do meu coração. *Quem fala por muito tempo, fala demais sem dúvida*, diz um homem ilustre. *Não conheço*, prossegue, *discurso oratório em que não haja delongas. Toda arte tem seu ponto fraco. Que tragédia não tem palavrório, que ode não tem estrofes inúteis*[6]. Se assim é, Senhores, como a experiência o prova, quão comedido não devo ser eu ao me exprimir, pela primeira vez, na assembléia mais polida e mais esclarecida do universo! Este discurso tão fraco terá como juiz uma companhia que o é, por sua instituição, de todos os gêneros de literatura; uma companhia sempre invejada e sempre respeitada desde seu nascimento, cujos lugares, buscados com ardor, são o termo da ambição dos literatos; uma companhia em que se formaram esses grandes homens que fizeram ecoar a terra com sua voz; em que Bossuet, animado por um gênio divino, ultrapassou os mais célebres oradores da antiguidade na majestade e na sublimidade do discurso; em que Fénelon, mais gracioso e mais suave, trouxe aquela unção e aquela amenidade que nos faz amar a virtude, e revelam por toda parte a sua grande al-

....

6. Vauvenargues cita aqui uma carta calorosa de Voltaire na qual este exprime o seu julgamento admirativo a respeito do *Elogio de Hippolyte de Seytres*. Essa carta não está datada pelo autor; os editores da *Correspondência de Voltaire* datam-na de dezembro de 1744 (cf. Gallimard, La Pléiade, t. II, p. 823).

ma; em que o autor imortal dos *Caracteres* criou modelos de energia e de veemência. Não falarei daqueles poetas, ornamento e glória de seu século, nascidos para ilustrar a pátria e servir de modelos à posteridade. Devo uma homenagem muito terna àquele[7] que do túmulo excita as nossas fracas vozes pela esperança lisonjeira de glória, para quem a eloqüência foi tão cara e natural, num século ainda pouco instruído; este tributo que me atrevo a prestar-lhe leva-me de volta sem violência ao meu deplorável assunto. À vista de tantos grandes homens que não fizeram mais do que aparecer sobre a terra, confundidos depois, para sempre, na sombra eterna dos mortos, o nada das coisas humanas se oferece por inteiro aos nossos olhos, e repito sem cessar estas tristes palavras: "O pobre e o rico se encontraram; o ignorante e o sábio, aquele que encantava nossos ouvidos com sua eloqüência e os que ouviam esses discursos: a morte os igualou a todos."

O Eterno repartiu os seus dons: a estes a força, àqueles a ciência, a outros o amor do trabalho ou as riquezas, a fim de que todas as artes sejam cultivadas e que todos os homens se ajudem mutuamente, como vimos de início. Depois de ter distribuído o gênero humano em diferentes classes, ele destina ainda a cada uma bens e males manifestamente compensados; e finalmente, para igualar mais perfeitamente os homens num aspecto mais perfeito e durável, para punir o abuso que o rico pode ter feito de seus favores, para vingar o fraco oprimido, para justificar sua bondade, que às vezes põe à prova nos sofrimentos o justo e o sábio, ele mesmo anulou essas distin-

....
7. Guez de Balzac, fundador do prêmio de eloqüência.

ções que sua providência estabelecera; um mesmo túmulo confunde todos os homens; uma mesma lei os condena ou os absolve: a mesma pena e o mesmo favor esperam o rico e o pobre.

Ó vós que vireis sobre as nuvens para julgar a uns e a outros, filho do altíssimo Deus, rei dos séculos, a quem todas as nações e todos os tronos estão submetidos, vencedor da morte! A consternação e o temor marcharão logo sobre vossas pegadas; os túmulos fugirão diante de vós: aceitai, nesses dias de horror, os votos humildes da inocência; afastai para longe dela o crime que a assedia por todos os lados, e não torneis inútil o vosso sangue derramado na cruz!

Discurso sobre a liberdade[1]

Nossa vida não passaria de uma série de caprichos, se nossa vontade se determinasse por si mesma e sem motivos. Não temos vontade que não seja produzida por alguma reflexão ou por alguma paixão. Quando levanto a mão, é para fazer uma experiência com minha liberdade ou por alguma outra razão. Quando me propõem um jogo de escolha entre par ou ímpar, durante o tempo em que as idéias de um e de outro se sucedem no meu espírito com rapidez, mescladas de esperança e temor, se escolho par, é porque a necessidade de fazer uma escolha se apresenta ao meu pensamento no momento em que par está aí presente. Proponha-se o exemplo que se quiser, demonstrarei a qualquer homem de boa-fé que não temos nenhuma vontade que não seja precedida por algum sentimento ou por algum arrazoado que a faz nas-

---

1. Este discurso é um dos primeiros, senão o primeiro manuscrito filosófico de Vauvenargues que chegou até nós. O exemplar da Biblioteca Nacional de Paris traz a seguinte menção: "Feito em Besançon, no mês de julho de 1737." Isso indica até que ponto o jovem moralista esteve preocupado com a questão da liberdade: Ela está aparentemente na origem de toda a sua reflexão pessoal.

cer. É verdade que a vontade tem também o poder de excitar nossas idéias; mas é necessário que ela própria seja antes determinada por alguma causa. A vontade não é nunca o primeiro princípio de nossas ações, ela é seu último móvel; é o ponteiro que marca as horas num relógio e que o leva a dar as pancadas sonoras. O que esconde de nossos sentidos o móvel de suas vontades é a fuga precipitada de nossas idéias ou a complicação dos sentimentos que nos agitam. O motivo que nos faz agir muitas vezes já desapareceu no instante em que agimos, e não mais lhe encontramos o rastro. Ora a verdade ora a opinião nos determinam, ora a paixão; e todos os filósofos, de acordo nesse ponto, remetem à experiência. Mas, dizem os sábios, já que a reflexão é tão capaz de nos determinar quanto os sentimentos, oponhamos então a razão às paixões quando as paixões nos atacam. Eles não atinam que não podemos nem mesmo ter a vontade de chamar em nossa ajuda a razão quando a paixão nos aconselha e nos preocupa com seu objeto. Para resistir à paixão, seria necessário pelo menos querer resistir-lhe. Mas a paixão fará nascer em vós o desejo de combater a paixão, na ausência da razão vencida e dissipada? O maior bem conhecido, dizem, determina necessariamente nossa alma. Sim, se for sentido como tal e estiver presente em nosso espírito; mas se o sentimento desse pretenso bem estiver enfraquecido, ou se a lembrança de suas promessas dormitar no seio da memória, o sentimento atual e dominante vence sem dificuldade: entre duas potências rivais, a mais fraca é necessariamente vencida. O maior bem conhecido entre os homens é, sem dificuldade, o paraíso. Mas quando um homem apaixonado se encontra face a face com sua amante, ou a idéia desse bem supremo não se apresenta a seu espírito, embora esteja nele impressa, ou apresenta-se tão fracamente que o sentimento atual e apaixonado de um prazer volúvel prevalece sobre a imagem apagada de uma eternidade de ventura; de maneira que, para falar exatamente, não é o bem maior conhecido que nos determina, mas o bem cujo sentimento age com maior força sobre nossa alma, e cuja idéia nos está mais presente. E de tudo isso concluo que não fazemos geralmente senão o que queremos, mas que não queremos nunca senão aquilo que nossas paixões ou nossas reflexões nos fazem querer; que, por conseguinte, todas as nossas faltas são erros do nosso espírito ou de nosso coração. Imaginamos que, quando a paixão nos leva a algum mal e a razão nos afasta dele, há ainda em nós um terceiro ao qual cabe decidir. Mas esse terceiro, o que é? Pergunto. Só conheço no homem sentimentos e pensamentos; quando as paixões lhe dão um mau conselho, a quem recorrerá ele? À sua razão? Mas se a mesma razão lhe diz para obedecer desta vez às suas paixões, quem o salvará do erro? Existe acaso em seu espírito outro tribunal que possa invalidar as decisões e as resoluções deste? Aprofundemos ainda mais. Todo ser criado depende necessariamente das leis da sua criação. O homem está visivelmente nessa dependência; poderiam suas ações lhe pertencer quando seu ser mesmo não lhe é próprio?

Nem mesmo Deus poderia suspender suas leis absolutas sobre nossa alma sem aniquilar nela toda ação. Um ser que recebeu tudo não pode agir a não ser por aquilo que lhe foi dado; e todo o poder divino, que é infinito, não poderia torná-lo independente. Entretanto, ao seguir as leis primitivas de que falo, seguimos nossos próprios desejos. Essas leis são a essência do nosso ser, e não são distintas de nós mesmos, visto que não existimos senão nelas. Chamamos com razão de *liberdade* ao poder de agir por elas, e de *necessidade* a violência que sofrem dos objetos exteriores, como quando estamos na prisão ou em alguma outra dependência involuntária. O que constitui ilusão para os partidários do livre-arbítrio é o sentimento de que eles o encontram dentro de sua consciência. Esse sentimento não é falso. Quer nos determinem nossas paixões ou nossas reflexões, é verdade que nós mesmos nos determinamos, pois seria loucura distinguir nossos sentimentos ou nossos pensamentos de nós mesmos. Assim, a liberdade e a necessidade subsistem juntas. Assim, o raciocínio e a experiência justificam a fé que os admite. É o que o sr. de Voltaire exprimiu com perfeição nestes belos versos:

> Sobre um altar de ferro, um livro inexplicável
> Encerra do provir a história irrevogável.
> A mão do Eterno ali marcou nossos desejos,
> E nossa dor cruel, e os gozos quais lampejos.
> Vemos a Liberdade, essa escrava altaneira,
> Por invencíveis nós ficar lá, prisioneira:
> Sob um ignoto jugo – e nada o vai quebrar –
> Deus sabe a submeter, sem a tiranizar;
> Às leis supremas dele ainda mais atada
> Porque sua corrente aos olhos é velada;
> E, mesmo obedecendo, escolheu o que fez,
> E aos Destinos até pensa ditar as leis.

(*Henriade,* canto VII, v. 285-296)

Eu preferiria ter feito esses doze versos ao longo capítulo sobre o poder de Locke². É próprio dos filósofos que são apenas filósofos dizer às vezes obscuramente, em um volume, o que a poesia e a eloqüência pintam muito melhor numa única tirada.

---

2. Locke, *Ensaio filosófico a respeito do espírito humano*, livro II, cap. XXI.

Tratado sobre o livre-arbítrio

Existem duas potências nos homens, uma ativa e outra passiva: a potência ativa é a faculdade de mover-se a si mesmo; a potência passiva é a capacidade de ser movido.

Dá-se o nome de liberdade à potência ativa; esse poder que está em nós de agir ou de não agir, e agir no sentido que nos apraz é o que se convencionou chamar de livre-arbítrio. Esse livre-arbítrio está em Deus sem limites e sem restrição, pois quem poderia parar a ação de um Deus onipotente? Está também nos homens esse livre-arbítrio: Deus lhes concedeu agir ao sabor de suas vontades; mas os objetos exteriores nos constrangem, às vezes, e nossa liberdade cede a suas impressões.

Um homem a ferros possui sem resultado a força de se mover; sua ação é tolhida por uma ordem superior, a liberdade morre sob suas cadeias; um miserável sob tortura mantém ainda menos potência; o primeiro só está constrangido na ação do corpo; o último nem sequer pode variar seus sentimentos; o corpo e o espírito são tolhidos em grau quase igual; e, sem procurar exemplos muito longe de nosso assunto, os cheiros, os sons, os sabores, todos os objetos dos sentidos e todos os das paixões nos afetam à nossa revelia; ninguém disso discordará. Nossa alma foi pois formada com a potência de agir, mas nem sempre está nela conduzir sua ação; isso não pode ser posto em dúvida.

Os homens não estão cegos a ponto de não poderem perceber tão viva luz, e, desde que lhes concedam ser livres em outras ocasiões, ficam contentes.

Ora, é impossível recusar-lhes este último ponto: haveria má-fé em negá-lo; entretanto eles se enganam nas conseqüências que tiram disso, pois encaram essa vontade que conduz suas ações como o primeiro princípio de tudo que está neles, e como princípio independente; sentimento que é falso sob qualquer aspecto, pois a vontade não é mais que um desejo que não é combatido, que tem o seu objeto em sua potência, ou que pelo menos acredita tê-lo; e mesmo, supondo que não seja isso, não se evita cair num absurdo extremo. Acompanhai bem meu raciocínio; pergunto aos que vêem essa vontade soberana como o princípio supremo de tudo que eles encontram em si: se é verdade que a vontade seja em nós o primeiro princípio, tudo não deve derivar desse fundo e dessa causa? Entretanto, quantos pensamentos temos que não são voluntários! Quantas vontades mesmo opostas umas às outras! Que caos! Que confusão! Bem sei que vão me dizer que a vontade só é a causa de nossas ações voluntárias, e que só então ela é um princípio independente. Já é conceder-me muito; mas isso não é ainda suficiente, e nego que a vontade seja em qualquer caso o primeiro princípio; é, ao contrário, o último móvel da alma, é o ponteiro que marca as horas no relógio e que o leva a dar as pancadas sonoras. Concordo que ela determina nossas ações, mas ela própria é determinada por móveis mais profundos, e esses móveis são nossas idéias ou nossos sentimentos atuais; porque, ainda que a vontade desperte nossos pensamentos e, com bastante freqüência, nossas ações, isso não pode acarretar que ela seja o primeiro princípio; é precisamente o contrário, e não se tem vontade que não seja um efeito de alguma paixão ou de alguma reflexão.

Um homem sábio é submetido a uma rude prova; o atrativo de um prazer enganador coloca a sua razão em perigo; mas uma vontade mais forte o tira desse mau passo: achais que sua vontade torna sua razão vitoriosa? Se pensardes nisso um pouco que seja, descobrireis, ao contrário, que foi a razão sozinha que fez mudar sua vontade; essa vontade, combatida por uma impressão perigosa, teria perecido sem esse socorro. É verdade que ela vence um sentimento atual, mas mediante idéias atuais, isto é, pela razão.

O mesmo homem sucumbe em outra ocasião; ele sente irresistivelmente que é porque o quer: o que é então que o faz agir? É sem dúvida sua vontade; mas sua vontade sem regra formou-se por si? Não terá sido um sentimento que a colocou em seu coração? Penetrai no interior de vós mesmos; quero ter-vos como referência: não é manifesto que no primeiro exemplo são idéias atuais que sobrepujam um sentimento e que neste último o sentimento prevalece, porque ele se encontra mais vivo, ou porque as idéias estão mais fracas? – Mas só caberia a esse sábio fortificar as suas idéias, bastava-lhe querer. – Sim, querer fortemente; mas a fim de que ele queira assim não seria preciso lançar outros pensamentos dentro de sua alma, que o incitassem a querer isso? Não haveis de discordar, se vos consultardes bem. Convinde pois comigo em que agimos muitas vezes segundo aquilo que queremos, mas que nunca queremos senão de acordo com o que sentimos, ou segundo aquilo que pensamos: nenhuma vontade há sem idéias ou sem paixões que a precedem.

– Um homem puxa sua bolsa, pergunta-me par ou não[1]. Respondo-lhe um ou outro. Não é minha vontade apenas que determina minha voz? Há algum julgamento ou alguma paixão que venha antes? Não se vê maior razão para acreditar que seja par do que ímpar; portanto, minha vontade nasce de si, portanto nada a determina. – Erro grosseiro: minha vontade empurra minha voz; o par e o ímpar são possíveis; um está tão oculto quanto o outro, nenhum está pois mais aparente; mas é preciso dizer par ou não, e o desejo do ganho me acalenta; as idéias de par e de ímpar se sucedem com rapidez, misturadas ao medo e à alegria; a idéia de par se apresenta com um raio de esperança; a reflexão é inútil, tenho de decidir-me, é uma necessidade; e em cima disso digo par, porque par nesse instante se apresenta a meu espírito.

Procurais outro exemplo? Levantai os braços para o céu: é só querer que isso já é executado; mas só o quereis para fazer um exercício do poder da vontade, ou por algum outro motivo; sem isso, garanto-vos que não o quereis. Tomo todos os homens por testemunha do que acabo de dizer; faço apelo à sua experiência. Apresentarei razões para provar meu sentimento e torná-lo inabalável por um acordo maravilhoso; mas creio que esses

---

1. Jogo que consiste em adivinhar o número de objetos que se tem na mão.

exemplos espalharão uma luz sensível sobre aquilo que me resta dizer: eles aplainarão o nosso caminho.

Ficai persuadidos, entretanto, de que o que oculta ao espírito o móvel de suas ações não é senão sua rapidez infinita. Nossos pensamentos morrem no instante em que os seus efeitos se dão a conhecer; quando a ação começa, o princípio já desapareceu; a vontade aparece, o sentimento não está mais; a gente não o encontra mais em si e, portanto, duvida-se de que ele tenha estado ali; mas seria um vício enorme pensar que se tivessem vontades que não tivessem princípio; nossas ações iriam ao acaso; só haveria caprichos; toda ordem seria subvertida. Não basta pois dizer que é verdade que a reflexão ou o sentimento nos conduz; devemos acrescentar que seria monstruoso se isso não acontecesse.

O homem é fraco, todos concordam; seus sentimentos são enganadores, suas vistas são curtas e fracas; se sua vontade cativa não tem guia mais seguro, extraviará todos os seus passos. Uma prova natural de que ela fica reduzida a isso é que ela se extravia efetivamente; mas esse guia, embora incerto, vale mais do que um instinto cego; uma razão incerta está muito acima da ausência de razão. A débil razão do homem e seus sentimentos ilusórios salvam-no ainda de uma infinidade de erros; o homem inteiro ficaria embrutecido se não tivesse esse socorro. É verdade que ele é imperfeito; mas é uma necessidade: a perfeição infinita não tolera partilha; Deus não seria perfeito se algum outro pudesse sê-lo.

Não somente repugna que haja dois seres perfeitos, mas é também impossível que dois seres independentes possam subsistir juntos, se um dos dois é perfeito, porque a perfeição compreende necessariamente um poder sem limites, eterno, ininterruptível, e porque ele não seria tal se tudo não lhe estivesse subordinado. Assim, Deus seria imperfeito sem a dependência dos homens: isso é mais claro do que o dia.

– Ninguém duvida, dizeis, de um princípio tão certo. Entretanto aqueles que sustentam que a vontade pode tudo, e que ela é o primeiro princípio de todas as nossas ações, negam, sem perceber, a dependência dos homens em relação ao Criador. Ora, aí está aquilo que ataco, aí está o objeto deste discurso; só me dediquei a provar a dependência da vontade com relação às nossas idéias para melhor estabelecer, por essa via, a nossa dependência total e contínua de Deus.

Compreendeis bem, com isso, que estabeleci a necessidade de todas as nossas ações e de todos os nossos desejos. Que uma conseqüência tão justa não vos espante; pretendo mostrar-vos que nossa liberdade subsiste apesar da necessidade; manifestarei a concordância e a solução desse embaraço, que fará desaparecer as sombras que ainda possam perturbar-nos.

Mas, para voltar agora ao dogma da dependência, como se pode imaginar os homens independentes? Seu espírito não é criado, e todo ser criado não depende das leis de sua criação? Pode ele agir por outras leis que não aquelas do seu ser? E o seu ser, não é obra de Deus? – Deus suspende, direis, as suas leis para deixar agir sua obra. – Má argumentação: o homem nada tem em si mesmo de que não tenha recebido o princípio e o germe em seu nascimento; a ação não é mais do que um efeito do ser; o ser não nos é próprio; a ação o seria? Suspendendo Deus as suas leis, o homem fica aniquilado; toda ação fica morta nele; de onde tiraria ele a força e a potência para agir se perdesse o que recebeu? Um ser só pode agir por aquilo que está nele; o homem não tem nada em si mesmo que o Criador não tenha posto nele; portanto, o homem não pode agir senão pelas leis de seu Deus. Como mudaria essas leis, ele que só nelas subsiste, e que nada pode senão por elas? Fazei pois que um relógio se mova por outras leis que não sejam aquelas do fabricante, ou de quem o toca? O relógio não tem ação que não seja aquela que lhe imprimem; tirai dele o que se colocou, já não é senão uma máquina sem força e sem movimento. Essa comparação é correta para tudo que é criado; mas há ainda esta diferença entre a obra dos homens e a obra de Deus: as produções dos homens não recebem deles senão um modo, uma forma perecível, e podem ser estragadas, destruídas ou conservadas por outros homens; mas as obras de Deus só dependem dele, porque ele é o autor de tudo que existe, não somente pela forma, mas também pela matéria. Nada tendo recebido a existência a não ser de suas poderosas mãos, não pode haver ação de que ele não seja o princípio. Todos os seres da natureza só agem uns sobre os outros segundo suas leis eternas; e negar sua dependência é negar sua criação, pois não existe senão o ser incriado que pode ser independente. Entretanto o homem o seria em várias ações de sua vida se sua vontade não fosse dependente de suas idéias; suposição muito absurda e ímpia ao mesmo tempo. Não quero surpreender-vos; meditai bem sobre isso; fazer cessar as leis da criação sobre a vontade do homem, romper a cadeia invisível que liga todas as suas ações, não é libertá-lo de Deus? Se fizerdes a vontade inteiramente independente, ela não estará mais submissa a Deus; se ela continua submissa a Deus, continua sendo dependente; nada é tão certo quanto isso. Como conceber entretanto que a criatura se mova por um instante que seja por uma impressão diferente daquela de seu Criador? Provei mais claro do que o dia que isso é impossível. Ora! Por que se revoltar contra a nossa dependência? É por seu intermédio que estamos sob a mão do Criador; que estamos protegidos, encorajados, socorridos; que estamos ligados ao infinito e que podemos nos prometer uma espécie de perfeição no seio do Ser perfeito. Aliás, essa dependência não suprime a liberdade que nos é tão preciosa; prometivos conciliar o que parece incompatível; acompanhai-me bem então, por favor. Que entendeis por liberdade? Não é poder agir conforme a vossa vontade? Entendeis outra coisa? Pretendeis alguma coisa mais? Não, com isso estais satisfeito: pois bem, também estou. Mas sondai-vos um instante; vede se é impossível que a vontade do homem esteja às vezes conforme à do Criador; certamente, isso é muito possível, não o negais: entretanto, nessa ocasião, o homem faz o que Deus quer, age pela vontade daquele que o pôs no mundo, não se pode discordar disso; mas isso não o impede de agir com plena liberdade. Não é a isso todavia que se chama ser livre? Tem-se falta de liberdade quando se faz o que se quer? Vedes pois claramente que a vontade não é independente de Deus, e que a necessidade não supõe necessariamente dependência involuntária; seguimos as leis eternas ao seguir nossos próprios desejos; mas os seguimos sem sermos constrangidos, e aí está a nossa liberdade. – Subtileza, direis; agir por uma marca impressa e por leis alheias não é agir por si mesmo. Mas neste caso estais raciocinando a partir de um princípio falso: a marca impressa e as leis de Deus não nos são alheias; constituem a nossa essência, e só nelas existimos. Não dizeis: meu corpo, minha vida, minha saúde, minha alma? Por que não diríeis: minha vontade, minha ação? Acreditais que vossa alma é alheia porque ela vem de Deus e só existe nele? Vossa vontade, vossa ação, são produções de vossa alma; são portanto vossas também.

– Mas, nesse caso, direis, a liberdade não passa de um nome; os homens se achavam livres seguindo a sua vontade; era um erro manifesto. – Mais uma vez estais extraviados: os homens têm tido razão em distinguir dois estados extremamente opostos; chamaram liberdade à potência de agir pelas leis de seu ser, e necessidade à violência sofrida por essas mesmas leis. É sempre Deus quem age em todas as circunstâncias; mas quando ele nos move à nossa revelia, isso se chama coerção; e quando nos conduz por nossos próprios desejos, isso se chama liberdade. Eram mesmo necessários dois nomes diversos para designar duas ações diferentes; pois, ainda que o princípio seja o mesmo, o sentimento não o é. Mas, no fundo, nenhum homem que tenha sabedoria jamais pôde estender o termo liberdade até à independência; isso choca a razão, a experiência e a piedade. O que faz, no entanto, a ilusão dos partidários do livre-arbítrio é o sentimento interior que encontram a esse respeito em sua consciência, pois esse sentimento não é falso. Quer seja nossa razão, quer nossas paixões que nos movam, nós é que nos determinamos; seria loucura distinguir de si seus próprios pensamentos ou seus próprios sentimentos. Posso submeter-me a um regime para restabelecer minha saúde, para mortificar meus sentidos, ou por qualquer outro motivo: sou sempre eu que estou agindo, só faço aquilo que quero; portanto sou livre, sinto-o, e meu sentimento é fiel. Mas isso não impede que minhas vontades dependam das idéias que as precedem; sua cadeia e sua liberdade são igualmente sensíveis; pois sei, por experiência, que faço aquilo que quero; mas a mesma experiência me ensina que não quero senão aquilo que meus sentimentos ou meus pensamentos me ditaram. Nenhuma vontade há nos homens que não deva sua direção aos temperamentos, aos arrazoados e aos sentimentos atuais deles.

A respeito disso, opõem ainda o exemplo dos infelizes que se perdem no crime, contra todas as suas luzes: a verdade brilha sobre eles, o verdadeiro bem está diante de seus olhos; entretanto, afastam-se dele, cavam um abismo para si mesmos, mergulham nele sem pavor; preferem uma alegria curta a penas infinitas; portanto, não é nem seu conhecimento, nem o gosto natural pela felicidade que determina seu coração: é apenas sua vontade que os leva a tais excessos. Mas esse raciocínio é fraco; as contradições aparentes que lhe servem como apoio são fáceis de eliminar: um libertino que conhece o verdadeiro bem, que o quer e que se afasta dele, não renuncia absolutamente a ele; baseia-se em sua juventude, na bondade divina ou na penitência; perde de vista seu objeto natural; a idéia dele fica em sua memória, mas ele não a traz à lembrança; ela só aparece pela metade; fica eclipsada na multidão; sentimentos mais vivos afastam-na, escondem-na, extenuam-na; esses sentimentos imperiosos preenchem a capacidade de seu espírito corrompido. Tomai entretanto o mesmo homem no meio de seus prazeres; apresentai-lhe a morte prestes a surpreendê-lo; que ele só tenha um dia para viver; que o fogo vingador de seus crimes se acenda aos seus olhos impuros e queime tudo ao seu redor: se lhe resta uma nesga de fé, se ainda espera em Deus, se o medo não perturbou sua alma covarde e culpada, acreditais que ele hesite então em dobrar seu juiz irritado e a cobrir-se de pó diante da majestade de Deus que vai julgá-lo?

Tudo o que se pode dizer diante disso é que o bem nem sempre é o que nos comove, mas sim aquele que se faz sentir com maior vivacidade. A ilusão está em confundir lembranças evanescentes com idéias muito vivas, ou noções que repousam no seio da memória com noções presentes e sentimentos atuais. É certo entretanto que idéias ausentes ou enfraquecidas nao tem maior poder sobre nós do que aquelas que nunca tivemos. São pois nossas idéias atuais que fazem nascer o sentimento; o sentimento, a vontade; e a vontade, a ação. Temos com muita freqüência idéias bem contrárias e sentimentos opostos: tudo está presente no espírito, tudo se desenha nele quase simultaneamente; pelo menos os objetos nele se sucedem com grande rapidez e formam multidões de desejos; esses desejos são combatidos; nenhum é propriamente vontade, pois a vontade decide; é incerteza, ansiedade. Mas as idéias mais sensíveis, mais inteiras, mais vivas, vencem finalmente as outras; o desejo que toma a dianteira muda ao mesmo tempo de nome e determina nossa ação.

Os filósofos nos garantem que o bem e o mal são dois grandes princípios de todas as ações humanas; o bem produz o amor, o desejo e a alegria; o mal é seguido de tristeza, de temor, de ódio, de horror; as idéias de um e de outro fazem nascer o sentimento. Alguns acham que o mal age mais sobre nós; que o bem não nos determina de modo imediato, mas pela inquietação ou mal-estar que constitui a base de nossos desejos. Tudo isso não é essencial: quer seja por esse mal-estar, que um bem imperfeito deixa em nós, que o coração se determina; quer sejam o bem e o mal que nos movem igualmente de maneira imediata; fica inabalável, numa e noutra hipótese, que nossas paixões e nossas idéias atuais são o princípio universal de todas as nossas vontades. Creio tê-lo demonstrado de maneira evidente; mas como os exemplos são bem mais palpáveis do que as melhores razões, quero apresentar ainda um: nele podeis seguir à vontade todos os movimentos do espírito.

Representai-vos então um homem com saúde combalida e espírito corrompido; colocai-o junto de uma mulher tão corrompida quanto ele; a indecência deste exemplo deve torná-lo ainda mais sensível; aliás, ele tem seus modelos em todas as condições sociais. Junto pelos mais fortes laços corações unidos pelas suas inclinações; mas suponho que esse homem esteja extenuado pela devassidão; seus costumes relaxados destruíram-lhe a saúde; entretanto, não está junto de sua amante para voltar a renová-los; veio só para fazer-lhe uma visita; seu pensamento não ousa ir além, porque está sofrendo e enfraquecido; aí está uma resolução tomada por causa de sua fraqueza presente e da lembrança do passado. Notai que sua vontade não se forma por si mesma; isso é essencial. Essa vontade não deve entretanto nos reter por muito tempo: tudo é vicioso no seio do vício; a sabedoria de um homem fraco é tão frágil quanto ele; a ocasião é seu túmulo. Aí está já o hábito a combater os sábios conselhos. O hábito é sempre poderoso, mesmo sobre um corpo enfraquecido; por menos que os espíritos sejam movidos, suas profundas marcas se reabrem e lhes permitem um curso mais fácil. Perto do objeto de seu amor, o homem que acabei de lhes pintar experimenta esse fatal poder, seu sangue circula com rapidez, sua fraqueza mesma se anima, seus temores e suas reflexões desaparecem como sombras. Poderia ele pensar na morte quando sente renascer a vida, e prever a dor quando está inebriado de prazer? Sua força e seu fogo se reacendem. Não que tenha esquecido a sua primeira resolução; talvez ela ainda esteja presente, mas como lembrança desagradável que cambaleia e desaparece; desejos mais atraentes a combatem; o objeto de seus terrores já está longe, o prazer está próximo e certo; ele o toca de mil maneiras pelos sentidos ou pelo pensamento; o perfume de uma flor que se acabou de colher não penetra tão depressa quanto as impressões do prazer; o gosto das iguarias mais raras não entra tão fundo em um homem faminto, nem o de um vinho delicioso no pensamento do bêbado. Entretanto a experiência ainda mescla de alguma inquietação esses sentimentos lisonjeiros; secretos retornos o balançam; vontades iniciadas caem e morrem de imediato; a proximidade do prazer e a previsão das penas opõem esses desejos entre si, apagam-nos e reanimam-nos: prestai atenção nisso. Mas afinal, o que é a vida quando está prejudicada pela visão da morte, numa tristeza selvagem, sem prazer e sem liberdade? Que loucura deixar o presente pelo futuro, o certo pelo incerto! As mais lassivas volúpias encontram o seu contraveneno; a dieta, os remédios logo repõem as forças. Não é um mal sem cura ceder a uma ocasião, uma só fraqueza será sem retorno? Daqui para a frente pode-se fugir do perigo; mas já se percorreu tanto caminho... Aí vem um olhar que provoca outros pensamentos; o temor e a razão se escondem, o encanto presente os dissipa e a vontade dominante se consuma no prazer.

– Mas se esse homem, direis, quisesse segurar suas idéias, sua primeira resolução não se apagaria assim. – Se ele o quisesse mesmo, de acordo; mas já o disse antes, e repito ainda, esse homem não o pode querer, a menos que as suas reflexões tenham a força de criar essa vontade; ora, suas sensações mais poderosas extenuam suas reflexões, e suas reflexões extenuadas produzem desejos tão fracos que cedem sem resistência à impressão dos sentidos.

Percebei pois nesses exemplos a verdade dos princípios que estabeleci, fazei deles a aplicação, o voluptuoso, de sangue-frio, conhece e quer o seu verdadeiro bem, que é a vida e a saúde; perto do objeto de sua paixão, ele perde o gosto e a idéia desse bem; conseqüentemente, afasta-se dele, corre atrás de um bem enganador. Quando a razão se oferece a ele, sua afeição volta-se para ela; quando ela cede lugar à mentira, ou, cativada pelo objeto presente, sua afeição também muda, sua vontade segue suas idéias ou seus sentimentos atuais; nada é mais simples do que isso.

A razão e as paixões, os vícios e a virtude dominam também, cada um por sua vez, segundo seu grau de força e segundo nossos hábitos; segundo nosso temperamento, nossos princípios, nossos costumes; segundo as ocasiões, os pensamentos, os objetos que estão sob os olhos do espírito. Jesus Cristo apontou essa disposição e essa fraqueza dos homens ao ensinar-lhes a oração: temei as tentações, disse ele; orai a Deus para que vos afaste delas, e que vos desvie do mal. Mas os homens, pouco capazes de dobrar seu espírito, tomam, como sendo uma independência total, esse poder que está neles de ser movidos indiferentemente rumo a toda espécie de objetos só por sua vontade. É bem verdade que seu coração é manipulável em todos os sentidos; mas seus desejos orgulhosos dependem de seus pensamentos, e seus pensamentos, de Deus só. É então nesse poder de nos mover por nós mesmos, segundo as leis de nosso ser, que consiste a liberdade; entretanto essas leis dependem das leis da criação, pois estas são eternas, e Deus só pode mudá-las pelo efeito de sua graça.

Podeis, se quiserdes, usar de uma distinção: não chamar de liberdade os movimentos das paixões oriundos de uma ação alheia, embora ela seja invisível; só dareis esse nome às disposições que submetem nossas iniciativas às regras da razão: todavia não saís de um princípio irrefutável; reconhecei mesmo assim que a razão mesma, a sabedoria e a virtude não são senão dependências do princípio de nosso ser, ou impulsos novos de Deus, que dá a vida e o movimento a tudo.

Mas para reterdes essas verdades importantes, permiti que eu as coloque sob o mesmo ponto de vista. Colocamos de início toda a liberdade no poder de agirmos por nós mesmos e ao sabor de nossa vontade; reconhecemos esse poder em nós, embora limitado pelos objetos exteriores; não admitimos, entretanto, vontades independentes das leis da criação, porque isso seria ímpio e contrário à experiência, à razão, à fé; mas essa dependência necessária não destrói a liberdade; ela nos é até extremamente útil. O que seria uma vontade sem guia, sem regra, sem causa? É interessante para nós que ela seja dirigida ou por nossos sentimentos ou por nossa razão; pois nossos sentimentos, nossas idéias, não diferem de nós próprios, e somos verdadeiramente livres quando os objetos exteriores não nos movem à nossa revelia.

A vontade lembra ou suspende nossas idéias; nossas idéias formam ou variam as leis da vontade; as leis da vontade são, por essa razão, dependências das leis da criação; mas as leis da criação não nos são estranhas, constituem nosso ser, formam nossa essência, são inteiramente nossas, e podemos dizer ousadamente que agimos por nós mesmos quando agimos só por elas.

A violência que nossos desejos sofrem dos objetos exteriores é inteiramente distinta da necessidade de nossas ações: uma ação involuntária não é livre; mas uma ação necessária pode ser voluntária, e livre por conseqüência. Assim, a necessidade não exclui a liberdade; a religião as admite a ambas; a fé, a razão, a experiência concordam nessa opinião; é por ela que se concilia a Escritura consigo mesma e com nossas próprias luzes: quem poderia rejeitá-la?

Reconheçamos pois aqui nossa sujeição profunda: que o erro, a superstição se baseiam na luz presente a nossos olhos; que sejam dissipadas as suas sombras, que caiam elas, apaguem-se aos raios da verdade, como fantasmas enganadores! Adoremos a elevação de Deus que reina em todos os espíritos como reina sobre todos os corpos; rasguemos o véu funesto que esconde a nossos olhares a cadeia eterna do mundo e a glória do Criador! Que admirável espetáculo esse concerto eterno de tantas obras imensas, e todas submetidas a leis imutáveis! Ó majestade invisível! Vosso poder infinito tirou-as do nada, e o universo inteiro, nas vossas mãos formidáveis, é como um frágil caniço. O orgulho indócil do homem ousaria murmurar contra sua subordinação? Só Deus podia ser perfeito; era preciso pois que ele submetesse o homem a essa ordem inevitável, como as outras criaturas; de modo que o homem pudesse comunicar-lhes sua ação e receber também a delas. Assim, os objetos exteriores formam idéias no espírito; essas idéias, sentimentos; esses sentimentos, vontades; essas vontades, ações em nós e fora de nós. Uma dependência tão nobre em todas as partes deste vasto universo deve conduzir nossas reflexões à unidade de seu princípio, essa subordinação faz a sólida grandeza dos seres subordinados. A excelência do homem está na sua dependência; sua sujeição nos patenteia duas imagens maravilhosas: o poder infinito de Deus e a dignidade de nossa alma; a dignidade de nossa alma, emanada de tão grande princípio, viva, operante nele e participante assim da infinitude de seu ser por uma tão bela união.

O homem independente seria um objeto de desprezo; toda glória, todo recurso cessam imediatamente para ele; a fraqueza e a miséria são seu único quinhão; o sentimento da sua imperfeição faz seu suplício eterno. Mas o mesmo sentimento, quando se admite sua dependência, faz sua mais doce esperança; descobre-lhe primeiro o nada dos bens finitos e o reconduz ao seu princípio, que quer juntá-lo de volta a si, e que pode, só ele, satisfazer seus desejos na posse de si mesmo.

Entretanto, como nossos espíritos se iludem continuamente, a mão que formou o universo está sempre estendida sobre o homem; Deus desvia para longe de nós as impressões passageiras do exemplo e do prazer; sua graça vitoriosa salva seus eleitos sem combate, e Deus põe em todos os homens sentimentos muito capazes de reconduzi-los ao bem e à verdade, se hábitos mais fortes ou sensações mais vivas não os retivessem no erro. Mas, como é comum que uma graça, suficiente para as almas moderadas, ceda à impetuosidade de um temperamento vivo e sensível, devemos esperar a tremer os secretos julgamentos de Deus, curvar o espírito sob a lei, e bradar com São Paulo: Ó profundeza eterna, quem pode sondar teus abismos? Quem pode explicar por que o pecado do primeiro homem se estendeu sobre sua raça? Por que povos inteiros, que não conheceram a vida, são reservados para a morte? Por que todos os humanos, podendo ser salvos, estão expostos a perecer?

Respostas a algumas objeções

Não invalido de nenhum modo a necessidade das boas obras ao estabelecer a necessidade de nossas ações. É verdade que se pode inferir, dos meus princípios, que essas mesmas obras são em nós graças de Deus, que só recebem seu valor da morte do Salvador, e que Deus coroa nos justos seus próprios benefícios; mas essa conseqüência está conforme à fé, e não poderia ser explicada. Não me pergunteis então o porquê da necessidade das boas obras, visto que seu mérito não vem de nós, pois não cabe a mim responder sobre isso, mas à Igreja. Perguntar-vos-iam também por que a morte de Jesus Cristo: Deus não poderia fazer com que Adão não pecasse nunca? Ele só podia resgatar o pecado com a morte de seu filho? Por certo um Deus todo poderoso podia mudar tudo isso; podia ter criado os homens tão felizes quanto os anjos, podia fazê-los nascer sem pecado; igualmente, podia salvar-nos ou condenar-nos sem as obras. Quem duvida dessas verdades? Entretanto ele não o quis, e essa razão deve bastar, porque não há nada que repugne à idéia de um ser perfeito em semelhante doutrina, e porque, não tendo nenhum pretexto para rejeitá-la, temos a autoridade da Igreja para aceitá-la; o que faz pender a balança e decide a questão.

– Mas, prosseguis, se é Deus o autor de nossas boas obras, e se tudo é em nós por ele, ele é também o autor do mal e, conseqüentemente, vicioso; blasfêmia que causa horror. – Ora, pergunto-vos por minha vez, que entendeis por o mal? Sei bem que os vícios são em nós algo de mau, porque acarretam toda espécie de desordens e a ruína das sociedades; mas as doenças não são também más, as pestes, as inundações? No entanto isso vem de Deus, e é ele quem faz os monstros e os mais nocivos animais; foi ele quem criou em nós um espírito tão finito e um coração tão depravado. Já que ele colocou em nosso espírito o princípio dos erros, e em nosso coração o princípio dos vícios, como não se pode negar, por que repugnaria considerá-lo como o autor de nossas faltas e de todas as nossas ações? Nossas ações só retiram seu ser, seu mérito ou demérito do princípio que as produziu; ora, se reconhecemos que Deus fez o princípio que é mau, por que recusar crer que ele é o autor das ações que são apenas o efeito desse princípio? Não há contradição nessa recusa esquisita?

– De nada adianta responder que Deus coloca em nós a razão para conter esse princípio vicioso, e que nós perdemos pelo mau uso que fazemos de nossa vontade. Nossa vontade não é corrupta senão por esse mau princípio, e esse mau princípio vem de Deus, pois é manifesto que o Criador deu às criaturas esse grau de imperfeição. Ele não poderia tê-las feito perfeitas, visto que não pode haver senão um único ser perfeito; assim, elas são imperfeitas e, enquanto imperfeitas, viciosas; pois o vício não é outra coisa senão uma espécie de imperfeição; mas, do fato de ser a criatura imperfeita, deve-se inferir que Deus o é? E, do fato de ser a criatura viciosa, pode-se concluir que o Criador é vicioso?

– Ao menos seria injusto, direis, punir nas criaturas uma imperfeição necessária. – Sim, segundo a idéia que tendes da justiça; mas não repugna a essa mesma idéia que Deus puna o pecado de Adão na sua posteridade, e que impute aos povos idólatras a infração de leis que eles ignoram? Que respondeis, entretanto, quando vos propõem essa oposição? Dizeis que a justiça de Deus não é semelhante à nossa; que ela não é dependente de nossos preconceitos; que está acima da nossa razão e do nosso espírito. Ora, que me impede de responder a mesma coisa? Não há seqüência em vossa crença, ou pelo menos em vossos discursos; pois, quando vos apertam um pouco sobre o pecado original e sobre o resto, dizeis que não se tem idéia da justiça de Deus; e quando me combateis, então não hesitais em tornar a justiça divina semelhante à justiça humana; assim, mudais as definições das coisas conforme as vossas necessidades. Minha boa fé é maior, digo livremente o que penso: creio que Deus pode ao seu bel-prazer dispor das criaturas, ou para um suplício eterno, ou para uma felicidade infinita, porque ele é o senhor, e não nos deve nada; só tenho sobre isso uma linguagem, não me vereis mudá-la. Não creio que a justiça humana seja essencial para o Criador: ela nos é indispensável, porque é, das leis de Deus, a mais viva e a mais explícita; mas o autor dessa lei só depende de si mesmo, só tem sua própria vontade como regra, sua felicidade como único fim. É verdade que não há nada melhor no mundo do que a justiça, a eqüidade, a virtude; mas o que há de maior nos homens é tão imperfeito que não pode convir a quem é perfeito; é mesmo uma superstição emprestar nossas virtudes a Deus. Entretanto, ele é justo num sentido, ele o disse, nós devemos acreditar; ora eis qual é sua justiça: ele dá uma regra aos homens, cujas ações deve julgar, e as julga exatamente por essa regra; não derroga jamais. Por essa igualdade constante ele justifica bem sua palavra, pois que a justiça outra coisa não é senão o amor e a igualdade; mas essa igualdade que coloca entre os homens não existe entre os homens e ele. Pode haver igualdade numa distância infinita entre as criaturas e o Criador? Pode-se conceber isso? – Ele está se contradizendo, dizeis, se é verdade que nos dá uma lei de que ele próprio nos afasta. – Não, ele não se contradiz absolutamente; sua lei não é sua vontade; deu-nos essa lei para que ela julgasse nossas ações; mas como não quer tornar-nos felizes a todos, não quer tampouco que todos sigam sua lei; nada mais fácil de perceber.

– Deus então não é bom, direis. – Ele é bom, já que dá a tantas criaturas graças que não lhes deve, e as salva assim gratuitamente. Teria maior bondade, segundo nossas fracas idéias, se quisesse nos salvar a todos; sem dúvida ele poderia fazê-lo, já que é todo-poderoso; mas já que poderia e não faz, deve-se concluir que não quer fazê-lo, e que tem razão de não o querer.

– Ele o quer, segundo nós, responder-me-eis; mas nós é que lhe resistimos. – Ó que poderoso raciocínio! O quê! Aquele que pode tudo pode então querer em vão? Falta então alguma coisa a seu poder ou à sua vontade? Pois se uma e outra estivessem inteiras, quem poderia lhes resistir? Sua vontade, dizem, é apenas condicional; é sob condições que ele quer a nossa salvação; mas que vontade é essa? Deus pode tudo, sabe tudo; e quer minha salvação, que não farei, que ele sabe que não farei, e que cabe a ele operar! Assim, Deus quer uma coisa que sabe que não acontecerá, e que ele poderia fazer acontecer! Que estranha contradição! Se um homem, sabendo que quero me afogar e podendo me impedir sem que isso lhe custe nada, e mesmo tirando de mim essa funesta vontade, me deixasse entretanto morrer e seguir minha resolução, alguém diria que ele quer me salvar enquanto me deixa perecer? Tantas nações idólatras que Deus deixa no erro, e que ele próprio cega, como diz a Escritura, provam, por sua miséria e abandono, que Deus quer também sua salvação? Ele morreu por todos, concordo; quer dizer que sua morte tornou-os a todos capazes de ser lavados das sujeiras do pecado original, e de aspirar ao céu, que lhes estava fechado, graça que antes eles não tinham; mas, do fato de que todos se tornaram capazes de ser salvos, pode-se concluir que Deus os quer salvar a todos? Se o dizeis para não vos render, para defender vossa opinião, aí está realmente uma fuga; mas se é para nos persuadir, conseguireis assim vosso intento, e ousais esperar isso? Pensais que um americano, de espírito simples e grosseiro, como é a maioria dos homens, que não conhece Jesus Cristo, a quem nunca se falou dele, e que morre num culto ímpio, sustentado pelo exemplo de seus ancestrais e defendido por todos os seus doutores; pensais, digo, que Deus queira também salvar esse homem a quem ele tanto cegou? Pensais pelo menos que acreditarão nisso só porque o afirmais, e vós mesmo acreditais?

– Vós temeis, dizeis, que minha doutrina tenda a corromper os homens e a desesperá-los. – Por que isso, pergunto-vos? Que disse eu que levasse a isso? Ensino, é verdade, que uns são destinados a gozar e outros a sofrer por toda a eternidade; é a crença inviolável de todos aqueles que estão na Igreja, e confesso que é um mistério que não compreendemos. Mas eis o que sabemos com a maior evidência; eis o que Deus nos ensina; aqueles que praticarem a lei estão destinados a gozar; aqueles que a transgredirem, a sofrer; não é preciso saber mais do que isso para conduzir as próprias ações e para se afastar do mal. Confesso que se essa noção não se manifesta suficiente, se não nos empenha, é porque encontra em nós obstáculos mais fortes; mas é preciso convir também que, muito longe de nos perverter, nada é mais capaz, ao contrário, de nos converter; e aqueles que se abandonam, na perspectiva de sua sujeição, agem contra as luzes da mais simples razão, embora necessariamente.

Não se deve dizer que nossa doutrina seja mais perigosa do que as outras, nada é menos verdadeiro do que isso; ela tem a vantagem de conciliar a Escritura consigo mesma e vossas próprias contradições; é verdade que deixa obscuridades; mas não estabelece absurdos, não se contradiz. Entretanto, conheço o respeito que se deve às explicações adotadas pela Igreja; e, se puderem mostrar-me que as minhas lhe são contrárias, ou mesmo que se afastam daquelas, por mais verdadeiras que me pareçam, renuncio a elas de todo o coração, sabendo o quanto nosso espírito, sobre semelhantes matérias, está sujeito à ilusão, e que a verdade não pode encontrar-se fora da Igreja Católica. E do Papa que é seu Chefe.[2]

Respostas às conseqüências da necessidade

Diz-se: se tudo é necessário, então não há mais vício. – Respondo que uma coisa é boa ou má em si mesma, e não, absolutamente, porque ela é necessária ou não. Que um homem esteja doente porque quer ou sem o querer, não dá na mesma? Alguém que feriu a si mesmo na caçada não está tão realmente ferido quanto aquele que recebeu um tiro de fuzil na guerra? E quem está delirando porque bebeu demais não está tão realmente enlouquecido, durante algumas horas, quanto aquele que ficou louco por uma doença? Dirão que Deus não é perfeito por ser necessariamente perfeito? Não se deve dizer, ao contrário, que ele é tanto mais perfeito quanto não pode ser imperfeito? Se ele não fosse necessariamente perfeito, poderia decair de sua perfeição, à qual ficaria faltando um grau mais alto de excelência, e que, daí, não mereceria mais esse nome. O mesmo acontece com o vício: quanto mais é necessário, mais é vício; nada é mais vicioso no mundo do que aquilo que, por sua base, é incapaz de ser bem. – Mas, dirá alguém, se o vício é uma doença de nossa alma, não se deve tratar os viciosos de forma diferente da que se tratam os doentes.

....
2. É difícil tomar como tendo valor real declarações tão ostentatórias de fidelidade e de respeito para com a Igreja e o papa. Tivesse o filósofo a intenção, a um só tempo, de se garantir contra a censura e de deixar adivinhar sua ironia, não teria escrito de outra forma. Muitos outros textos confirmam essa impressão.

Sem dificuldade: nada é tão justo, nada é tão humano; não se deve tratar um celerado diferentemente de um doente; mas é preciso tratá-lo como um doente. Ora, como é que se usa fazer com um doente? Por exemplo, com um ferido que tem gangrena no braço? Se se pode salvar o braço sem colocar em risco o corpo, salva-se o braço; mas se só se pode salvar o braço com o risco do corpo, corta-se o braço, não é verdade? É preciso então agir da mesma forma com um celerado; se for possível poupá-lo sem causar dano à sociedade de que é membro, deve-se poupá-lo; mas se a salvação da sociedade depende da sua perda, é preciso que morra; isso faz parte da ordem. – Mas Deus punirá também no outro mundo esse miserável, que já foi punido neste, e que aliás viveu de acordo com as leis do seu ser? – Essa questão não diz respeito aos filósofos, cabe aos teólogos decidir. – Ah! Pelo menos, continuam, ao punir o criminoso que prejudica a sociedade, não direis que é um homem fraco e desprezível, um homem odioso. – E por que não o diria? Não dizeis vós mesmo de um homem de espírito tacanho que é um tolo? E daquele que só tem um olho que é zarolho? Seguramente não é culpa deles serem assim feitos. – Isso é totalmente diferente, respondeis: digo de um homem de espírito tacanho que é um tolo, mas não o desprezo. – Tanto melhor; fazeis muito bem: pois se esse homem, de espírito tacanho, tem a alma grande, estaríeis enganado dizendo que é um homem desprezível; mas tratando-se daquele a quem faltam ao mesmo tempo espírito e coração, não podeis vos enganar dizendo que é um homem desprezível, porque dizer que um homem é desprezível é dizer que lhe faltam espírito e coração; ora, não se é injusto quando não se pensa a respeito disso senão aquilo que é verdadeiro e aquilo que é impossível de não pensar. Com relação aos que a natureza favoreceu com belezas do gênio ou da virtude, seria preciso ser bem pouco razoável para impedir-se de gostar deles, pela simples razão que eles possuem todos os bens da natureza. Que absurdo! O quê! Porque o sr. de Voltaire nasceu poeta eu estimaria menos suas poesias? Porque nasceu humano eu honraria menos sua humanidade? Porque nasceu grande e sociável eu não amaria com ternura todas essas virtudes? É porque todas essas coisas se encontram nele invencivelmente que gosto dele e o estimo ainda mais; e, como não depende dele não ser o mais belo gênio de seu século, não depende de mim não ser o mais apaixonado de seus admiradores e de seus amigos. Ele é bom necessariamente; gosto dele da mesma forma. Que existe de belo e de grande além daquilo que a natureza fez? Que existe de disforme e de fraco além daquilo que ela produziu em seu rigor? Que há de mais amável do que seus dons, ou de mais terrível do que seus golpes? – Mas, prosseguis, apesar disso, não posso deixar de desculpar um homem a quem só a natureza fez mau. – Pois bem, meu amigo, desculpai-o; por que resistir à piedade? A natureza encheu o coração dos bons de horror ao vício; mas também colocou nele a compaixão para temperar esse ódio por demais altivo, e torná-los mais indulgentes. Se a crença na necessidade aumenta ainda esses sentimentos de humanidade, se ela chama mais fortemente os homens para a clemência, que sistema é mais belo? Ó mortais, tudo é necessário: o nada nada pode gerar; é necessário então que o primeiro princípio de todas as coisas seja eterno; é preciso que os seres criados, que não são eternos, recebam tudo que neles está do Ser eterno que os fez. Ora, se houvesse no espírito do homem algo de verdadeiramente independente; se houvesse, por exemplo, uma vontade que não dependesse do sentimento e da reflexão que a precedem, isso acarretaria que essa vontade fosse por si mesma seu princípio; assim, seria preciso dizer que uma coisa que começou pôde dar-se o ser antes de ser; seria preciso dizer que essa vontade, que ontem não era, deu-se entretanto a existência que tem hoje, efeito impossível e contraditório. O que digo da vontade é fácil aplicar a qualquer outra coisa; é fácil, digo eu, sentir que se trata de uma lei geral, à qual está submetida toda a natureza. Numa palavra, engano-me muito, ou é uma contradição dizer que uma coisa é e que não é necessariamente. Esse princípio é belo e fecundo, e creio que dele se podem tirar as mais luminosas conseqüências sobre as matérias mais difíceis; mas a sina quer que os filósofos não façam mais do que entrever a verdade, e que haja poucos dentre eles capazes de a colocar sob uma bela luz.

Sobre a justiça

A justiça é o sentimento de uma alma amante da ordem, e que se contenta *com a sua*. Ela é o fundamento das sociedades; nenhuma virtude é mais útil para o gênero humano; nenhuma é consagrada com maior direito. O oleiro nada deve à argila que ele amolda[3], diz São Paulo; Deus não pode ser injusto; isso é visível; mas disso concluímos que então ele é justo e nos admiramos

---

3. Ver Epístola aos Romanos, IX, 21.

de que ele julgue todos os homens pela mesma lei, embora não dê a todos a mesma graça; e, quando nos demonstram que esse procedimento é formalmente oposto aos princípios da eqüidade, dizemos que a justiça divina não é semelhante à justiça humana. Defina-se então essa justiça diferente da nossa; não é razoável juntar duas idéias diferentes ao mesmo termo, para dar-lhe ora um sentido, ora outro, segundo nossas necessidades; seria preciso retirar todo equívoco sobre uma matéria dessa importância.

Sobre a providência

A inundação ou a seca fazem perecer as frutas; o frio excessivo despovoa a terra dos animais que não têm abrigo; as doenças epidêmicas assolam em todos os lugares a espécie humana e transformam vastos reinos em desertos; os homens destroem a si mesmos pelas guerras, e o fraco é a presa do forte. Aquele que nada possui, se não puder trabalhar, que morra: é a lei da sorte; ele diminui e se apaga em face do sol, abandonado por toda a terra. Os bichos se devoram também entre si: o lobo, o gavião, o falcão, se os animais mais fracos lhes escaparem, vão eles próprios perecer; rivais da bárbara crueldade dos homens, eles repartem seus restos sangrentos e só vivem de carnificina. Ó terra! Ó terra! Tu não és mais que um túmulo, e um campo coberto de despojos; tu só pares para a morte. Quem te deu o ser? Tua alma parece adormecida em seus grilhões. Quem preside a teus movimentos? Será preciso admirar-te em tua constante e invariável imperfeição? Assim se exalta a mágoa de um filósofo que só conhece a razão e a natureza sem revelação.

Sobre a economia do universo

Tudo aquilo que tem o ser tem uma ordem, isto é, certa maneira de existir que lhe é tão essencial quanto o seu próprio ser; amoldai a esmo um pedaço de argila; em qualquer estado que a deixeis, essa argila terá relações, uma forma e proporções, quer dizer, uma ordem, e essa ordem subsistirá enquanto algum agente superior se abstiver de perturbá-la. Não é então de se admirar que o universo tenha suas leis e certa economia; desafio-vos para conceber um único átomo sem esse atributo. – Mas, diz-se, o que causa admiração, não é que o universo tenha uma ordem imutável e necessária, mas é a beleza, a grandeza e a magnificência da sua ordem. – Fracos filósofos! Ouvis bem o que dizeis? Sabeis que só admirais as coisas que ultrapassam as vossas forças e conhecimentos? Sabeis que se compreendêsseis bem o universo, e nele não se encontrasse nada que passasse dos limites de vosso poder, cessaríeis imediatamente de admirá-lo? É pois a vossa enorme pequenez que faz do universo um colosso; é a vossa fraqueza infinita que vo-lo representa, no pó que sois, animado por um espírito tão vasto, tão poderoso e tão prodigioso. Entretanto, sendo tão pequenos, tão limitados como sois, não deixais de perceber grandes defeitos nesse infinito, e é impossível para vós justificar todos os males morais e físicos que nele experimentais. Dizeis que é a fraqueza do vosso espírito que vos impede de ver a utilidade e a conveniência dessas desordens aparentes;

mas por que não acreditais da mesma forma que é essa mesma fraqueza das vossas luzes que vos impede de perceber o vício das belas aparências que admirais? Respondeis que o universo tem a melhor forma possível, visto que Deus o fez tal como é. Essa solução é a de um teólogo, não de um filósofo; ora, é por esse aspecto que ela me toca, e me submeto sem reserva; mas estou muito contente de dar a conhecer que é pela teologia, e não pela vaidade da filosofia, que se pode provar os dogmas da religião[4].

....
4. O que equivale a dizer que a filosofia, uma filosofia na medida do homem, desmente a teologia.

Imitação de Pascal[1]

Sobre a religião cristã

A religião cristã, dizem todos os teólogos, está acima da razão. Mas ela não pode ser contra a razão; pois se uma coisa pudesse ser verdadeira e contrariar entretanto a razão, não existiria nenhum indício certo de verdade.

A verdade da revelação está provada pelos fatos, continuam eles; esse princípio colocado de conformidade com a razão, ela própria deve submeter-se aos mistérios revelados que a ultrapassam. Sim, respondem os libertinos*, os fatos provados pela razão provariam a religião, mesmo naquilo que ultrapassa a razão; mas que demonstração se pode ter sobre esses fatos, e principal-

---

1. Essas "imitações" de Pascal se parecem com pastiches de Voltaire respondendo a Pascal no estilo de seu adversário. Sabe-se que Vauvenargues admirava a "eloqüência" de Pascal; ele escreve com freqüência, como se pôde observar, à margem de Pascal, mas o faz para refutar-lhe o pessimismo: a argumentação dos *Pensamentos* lhe parece bastante forte para servir de trampolim para sua própria reflexão.

* A palavra "libertinos" não designa aqui pessoas de costumes dissolutos, mas os "livres-pensadores" dos séculos XVII e XVIII. (N. do T.)

mente sobre fatos maravilhosos, que o espírito sectário pode ter alterado ou suposto de tantas maneiras? Uma só demonstração, acrescentam, deve prevalecer sobre as mais fortes e as mais numerosas aparências; assim, a maior probabilidade de nossos milagres não contrabalançaria uma demonstração de contradição dos nossos mistérios, supondo que se tivesse uma.

A questão é então saber quem tem a seu favor a demonstração ou a aparência. Se só houvesse aparências nos dois partidos, então não haveria mais regra; pois como contar e pesar todas essas probabilidades? Se houvesse, ao contrário, demonstrações dos dois lados, estaríamos na mesma dificuldade, pois que então a demonstração não mais distinguiria a verdade. Assim, a verdadeira religião não somente está obrigada a se demonstrar, mas é preciso também que ela mostre que não há demonstração a não ser do seu lado. Assim ela o faz, e não é culpa sua se os teólogos, nem todos esclarecidos, não escolhem bem suas provas.

Do estoicismo e do cristianismo

Os estóicos não eram prudentes, pois prometiam a felicidade já nesta vida, cujas misérias conhecemos todos por experiência; a própria consciência deles devia acusá-los e convencê-los de impostura. O que distingue a nossa santa religião daquela seita é que, ao nos propor, como aqueles filósofos, virtudes sobrenaturais, ela nos dá socorros sobrenaturais. Os libertinos dizem que não acreditam nesses socorros; e a prova que dão de sua falsidade é que eles pretendem ser tão honestos quanto os verdadeiros devotos, e que, na sua opinião, um Sócrates, um Trajano e um Marco Aurélio valiam tanto quanto um Davi ou um Moisés; mas essas razões são tão fracas que não merecem ser combatidas³.

Ilusões do ímpio

1. A religião cristã, que é dominante neste continente, nele tornou odiosos os judeus e os impede de formar estabelecimentos. Assim as profecias, diz o insensato, se cumprem pela tirania dos que nelas crêem e cuja religião obriga a cumpri-las.

2. Os judeus, continua o ímpio⁴, foram diante de Jesus Cristo odiados e separados de todos os povos da terra; foram dispersados e desprezados como o são. Esta última dispersão na verdade é mais horrenda, pois é a mais longa e não vem acompanhada das mesmas consolações; entretanto, acrescenta o ímpio, seu estado presente não é bastante diferente de suas calamidades passadas para lhes parecer um motivo indispensável de conversão.

3. Toda a nossa religião, prossegue ele, está baseada na imortalidade da alma, que não era um dogma de fé

....

3. É evidente que a grandeza de alma dos três homens ilustres citados como avalistas pelos libertinos – e se trata de libertinagem filosófica – faz mais do que equilibrar as referências bíblicas. O tom é totalmente voltairiano.

4. O "ímpio" ou o "insensato", a quem Vauvenargues dá aqui a palavra, retoma na verdade, para denunciar seu caráter escandaloso, argumentos ou "arrazoados" utilizados por Pascal em seus *Pensamentos*, particularmente a propósito das profecias e do papel reservado aos judeus, portadores de uma verdade que não compreendiam e sacrificados como tais. Ver Port-Royal, cap. X (Judeus), XI (Moisés), XII (Figuras). Vauvenargues retoma até mesmo as palavras de Pascal e poder-se-ia colocar um ou vários "pensamentos" em face de cada uma das "ilusões do ímpio".

entre os judeus. Como então se pôde dizer de duas religiões diferentes num objeto capital que elas não constituem senão uma só e mesma doutrina? Que sectário ou que idólatra não provará a perpetuidade de sua fé, se tal diversidade, em tal artigo, não a destrói?

4. Diz-se habitualmente: se Moisés não tivesse secado as águas do mar, teria ele tido o despudor de escrever isso, face a todo um povo que tomava como testemunha desse milagre? Eis a resposta do ímpio: se aquele povo tivesse passado o mar através das águas suspensas, se tivesse sido alimentado durante quarenta anos por um milagre contínuo, teria ele tido a imbecilidade de adorar um bezerro, diante da face do Deus que se manifestava por esses prodígios, e de seu servo Moisés?

Tenho vergonha de repetir semelhantes raciocínios: aí estão entretanto as mais fortes objeções da impiedade. Essa extrema fraqueza de seus discursos não é uma prova sensível de nossas verdades?

Vaidade dos filósofos

Fracos homens! exclama um orador[5], ousais ainda confiar nos prestígios da razão, que vos enganou tantas vezes? Esquecestes o que é a vida e a morte que vai terminá-la? Em seguida pinta-lhes com força a terrível incer-

----

5. Deve-se pensar certamente num orador sacro, num pregador, mas não fica excluído que se deva pensar também e ainda em Pascal. Vauvenargues o admira como orador, em pé de igualdade com Demóstenes e Bossuet (ver *Introdução ao conhecimento do espírito humano*) e principalmente as objeções do "filósofo" visam explicitamente argumentos da apologética pascaliana.

teza do futuro; a falsidade ou a fraqueza das virtudes humanas, a rapidez dos prazeres que se apagam como sonhos e fogem com a vida; aproveita a inclinação que temos para temer o que não conhecemos e para desejar algo melhor do que o que conhecemos; emprega as ameaças e as promessas, a esperança e o temor, verdadeiras molas propulsoras do espírito humano, que persuadem bem melhor do que a razão; interroga a nós próprios e diz-nos: – Não é verdade que nunca tivestes uma felicidade sólida? – Concordamos. – Não é verdade que não tendes nenhuma certeza do que deve acontecer depois da morte? – Também não ousamos negar. – Por que então, meus amigos, continua ele, recusais adotar aquilo em que acreditaram vossos pais, o que vos anunciaram sucessivamente tantos grandes homens, a única coisa que vos possa consolar dos males da vida e da amargura da morte?

Essas palavras pronunciadas com veemência nos espantam, e dizemos uns aos outros: aquele homem conhece bem o coração humano; ele convenceu-nos de todas as nossas misérias. – Ele as curou? pergunta um filósofo. – Não, não pôde. – Ele vos deu luzes, continua, sobre as coisas que ele vos convenceu não saberdes? – Nenhuma. – Que vos ensinou ele então? – Ele prometeu-nos, respondemos, depois desta vida, a felicidade eterna e sem mescla, e a posse imutável da verdade. – Ei! Meus senhores, diz o filósofo, basta prometer para vos convencer? Crede em mim, usai a vida, sede sábios e laboriosos. Prometo-vos ainda que, se houver alguma coisa depois da morte, não vos arrependereis de ter acreditado em mim.

Assim um sofista orgulhoso quisera que se confiasse em suas luzes tanto quanto se confia na autoridade de todo um povo e de vários séculos; mas os homens não anuem a ele senão na medida em que suas paixões o aconselham, e basta que um letrado experiente se mostre numa tribuna para reconduzi-los ao dever, tamanha é a força da verdade.

Impresso nas oficinas da
Gráfica Palas Athena